하나님의 에이스

하나님의 마음에 합한 사람

하나님의 에이스

홍민기 지음

규장

프롤로그

나도 하나님 마음에 합한 사람이 되고 싶다!

저는 하나님 마음에 들고 싶습니다. 이 세상을 사는 동안에도 누군가의 마음에 들고 싶은 때가 종종 있습니다. 대부분 그 사람을 사랑하여 그 사람에게 사랑받고 싶을 때 드는 마음입니다. 저는 이전에도 또 지금 이 시간에도 전능하신 하나님의 마음에 꼭 들고 싶습니다. 그 하나님께서 다윗을 마음에 들어 하셨듯이 말입니다.

어떤 사람이 하나님의 마음에 꼭 드는 사람입니까? 아니 구체적으로 다시 질문하면, 다윗은 무엇이 특별했기에 하나님의 마음에 꼭 드는 사람이라는 평가를 들었을까요?

다윗을 왕으로 세우시고 증언하여 이르시되 내가 이새의 아들
다윗을 만나니 내 마음에 맞는 사람이라 내 뜻을 다 이루리라
하시더니 행 13:22

하나님께서는 다윗을 "내 마음에 맞는 사람"이라 칭하면서 그가 자신의 뜻을 다 이루어줄 것이라고 말씀하셨습니다. 하나님이 다윗을 굳게 신뢰한 것이지요. 자신의 뜻을 다 이루어줄 것이라는 믿음이 가는 사람, 언제고 마음 놓고 사용하실 수 있는 '하나님의 에이스'가 바로 다윗이었습니다.

그러나 다윗의 인생이 그리 평탄한 것만은 아니었습니다. 오히려 그처럼 고생하고 고통 받은 인생이 또 있을까 싶은 마음이 듭니다. 하지만 그렇기 때문에 많은 고통과 몸부림 속에서 살아가는 인생살이에 우리가 어떤 '생각'과 '중심'과 '판단'을 가지고 살아야 할지를 보여주는 좋은 표지(標識)가 되는 것 같습니다.
가족들에게 인정받지 못하고 집안에 귀한 손님이 오는 날까지도 밖에서 양을 쳐야 했던 소년 다윗, 그러나 하나님께서는 그런 다윗을 아시고 모든 이들에게 "이가 그니!"라고 소개하셨습니다.

이에 사람을 보내어 그를 데려오매 그의 빛이 붉고 눈이 빼어나
고 얼굴이 아름답더라 여호와께서 이르시되 이가 그니 일어나

기름을 부으라 하시는지라 **삼상 16:12**

하나님께서 다윗을 보며 "이 사람이 내가 택한 사람이다, 이 사람이 내 마음에 맞는 사람이다, 이 사람이 내가 사용할 나의 에이스다!"라고 하신 것입니다.

이 말씀을 볼 때마다 저는 하나님이 저에게 "이가 그니!"라고 말씀해주시는 장면을 상상하며 온몸에 전율을 느낍니다. 정말 그랬으면 좋겠습니다. 하나님이 저를 소개하실 때 "바로 이 사람이다!"라고 해주시길, 제가 하나님의 뜻을 이루어드릴 것이라 믿어주시고 저를 하나님의 에이스로 사용해주시길, 그 어느 때보다 하나님의 사람이 꼭 필요한 오늘 이 시대에, 하나님께서 우리 한 사람 한 사람을 "이 사람이 내 사람이다"라고 부르시고 세워주시기를 간절히 바라며 기도합니다.

이 책에 담긴 글은 2011년 7월, 제가 호산나교회에 부임하고 나서 9월부터 10주 동안 수요예배에서 전한 〈하나님의 마음에 합한 사람〉이라는 제목의 말씀을 정리한 것입니다. 새롭게 부임한 목사인 저와 호산나교회 성도들을 향해, 그리고 오늘의 한국 교회와 성도들을 향해 간절한 소망을 담아 외친 메시지입니다.

"우리, 하나님의 마음에 듭시다! 하나님의 마음을 차지하는 사람, 하나님의 자존심, 하나님의 에이스가 됩시다!"

그 예배에 부어주신 하나님의 특별한 은혜와 임재가 있었습니다. 그때의 임재와 능력을 고스란히 전할 방법은 없지만 하나님이 주신 말씀은 꼭 함께 나누고 싶었습니다. 이 책을 통해 동일하신 하나님의 은혜와 영광이 더 풍성하게 임하길 간절히 기도합니다. 이제는 돌이켜 하나님의 마음에 꼭 드는 하나님의 교회, 하나님이 기뻐하시는 하나님의 사람이 되기를 간절히 기도합니다.

항상 큰 힘이 되어주시는 원로목사님 내외분과 호산나교회의 모든 성도님들께 깊은 감사를 드립니다. 미국에서 늘 중보해주시는 부모님과 친지 여러분, 그리고 응원의 은사가 충만하여 저에게 늘 큰 위로와 힘이 되어주는 아내와 두 아들에게 고마움을 전합니다. 그리고 이제 동지로서 함께 교회를 위하여 애쓰는 동역자들과 브리지임팩트사역원 식구들에게도 변함없는 사랑을 전합니다.

항상 하나님의 마음에 집중하겠습니다.

낙동강 하류에서
홍민기 목사

프롤로그

PART 01 하나님의 에이스 선발기

01 하나님의 선발 기준
하나님은 스펙이 아니라 중심을 보신다 : 12

02 하나님이 가르쳐주신 승리의 공식
승리는 힘으로 하는 것이 아니다 : 40

03 실패를 성공으로 바꾸는 비결
실패의 자리에서 성공자로 반응하라 : 64

CONTENTS

PART 02
하나님의 에이스 훈련기

04 에이스가 되기 위한 훈련 과정
광야는 승리를 위한 필수 코스이다 : 88

05 에이스가 사는 법
하나님의 방법대로 사는 자가 하나님의 사람이다 : 110

06 하나님 사람의 행동 기준
감정에 반응하지 말고 하나님께 반응하라 : 130

07 하나님이 찾으시는 사람
최고의 예배를 드리는 최고의 예배자를 찾으신다 : 152

PART 03
하나님의 에이스 전성기

08 폼 나는 인생
받은 은혜를 나눌 줄 아는 인생을 살아라 : 178

09 가장 위험한 시간
내 인생의 왕으로 등극하는 순간을 조심하라 : 196

10 변치 않는 하나님의 은혜
진실한 회개를 받아주시는 하나님께로 지금 돌아서라 : 218

A

하나님의 마음에 합한 사람
하나님의 에이스　　PART 01
선발기

CHAPTER 01

하나님의 선발 기준
하나님은 스펙이 아니라 중심을 보신다

그들이 오매 사무엘이 엘리압을 보고 마음에 이르기를 여호와의 기름 부으실 자가 과연 주님 앞에 있도다 하였더니 여호와께서 사무엘에게 이르시되 그의 용모와 키를 보지 말라 내가 이미 그를 버렸노라 내가 보는 것은 사람과 같지 아니하니 사람은 외모를 보거니와 나 여호와는 중심을 보느니라 하시더라 … 또 사무엘이 이새에게 이르되 네 아들들이 다 여기 있느냐 이새가 이르되 아직 막내가 남았는데 그는 양을 지키나이다 사무엘이 이새에게 이르되 사람을 보내어 그를 데려오라 그가 여기 오기까지는 우리가 식사 자리에 앉지 아니하겠노라 이에 사람을 보내어 그를 데려오매 그의 빛이 붉고 눈이 빼어나고 얼굴이 아름답더라 여호와께서 이르시되 이가 그니 일어나 기름을 부으라 하시는지라 사무엘이 기름 뿔병을 가져다가 그의 형제 중에서 그에게 부었더니 이 날 이후로 다윗이 여호와의 영에게 크게 감동되니라 사무엘이 떠나서 라마로 가니라

삼상 16:6-13

하나님의 에이스

하나님은 어떤 사람을 쓰시는가?

요즈음 서바이벌 오디션 프로그램이 인기입니다. 노래, 춤, 연기, 개인기 등 다양한 분야에서 다양한 서바이벌 오디션이 진행되고 있습니다. 보통은 매주 수행해야 할 미션이 주어지고 그 미션을 얼마나 잘 소화해내었느냐에 따라 탈락과 다음 도전 진출이 결정되는 식입니다. 그걸 보면서 한 가지 재미있는 점을 발견했습니다. 최종 우승자가 결정되는 순간까지는 반전에 반전을 거듭한다는 것입니다. 처음에 강력한 우승 후보로 거론되는 참가자가 끝까지 우승하는 경우도 물론 있지만 그보다는 처음에는 눈에 띄지 않았던 참가자가 회를 거듭할수록 감춰져 있던 숨은 실력을 발휘하며 강력한 다크호스로 떠오르는 경우가 더 많았습니다. 그런 숨은 실력이 드러날 때마다 시청자들은 환호합니다. 그리고 그들은 단숨에 프로그램의 일등공신, 에이스로 자리매김하지요.

에이스(ACE)는 스포츠에서도 많이 사용되는 용어이지요. 팀이 어떤 상황에 있던지 자기 팀을 승리로 이끄는 대표선수 역할을 합니다. 에이스의 특징이라면 모두들 포기하는 위기에라도 절대 포기하지 않고 위기를 기회로 바꿀 수 있는 능력이 있다는 점입니다. 한 마디로 위기에 강한 가장 믿을 만한 선수를 말합니다.

우리도 하나님나라의 에이스가 되었으면 좋겠습니다. 위기 때마다 숨은 실력이 드러나서 하나님께서 마음껏 쓰실 수 있는 그런 일등공신 말입니다. 어떤 사람이 하나님의 에이스가 될 수 있습니까? 여러 가지 조건이 거론될 수 있겠지만 누가 뭐래도 하나님의 마음에 맞는 사람, 하나님께 신뢰를 받는 사람이 하나님의 에이스 자격을 얻게 될 것입니다.

성경에서 '하나님 마음에 맞는 사람'이라는 평가를 들었던 가장 대표적인 인물이 다윗입니다.

> 다윗을 왕으로 세우시고 증언하여 이르시되 내가 이새의 아들 다윗을 만나니 내 마음에 맞는 사람이라 내 뜻을 다 이루리라 하시더니 행 13:22

하나님께서는 교만한 마음으로 불순종했던 사울 왕을 대신하여 다윗을 세우시고 사용하셨지요. 다윗은 어떤 사람이었습니까? 다윗의 일생을 통해 과연 어떤 사람이 하나님의 마음에 맞는 사람인지, 하나님께서 사용하시는 사람은 어떤 사람인지 살펴보고자 합니다.

은혜를 놓친 사울의 어리석음

본격적으로 다윗의 이야기를 살펴보기 전에 이스라엘의 첫 번째 왕이었던 사울의 이야기를 살펴보지 않을 수 없습니다. 사울은 여러 가지로 다윗과 비교되는 대상입니다. 다윗이 '하나님의 마음에 맞는 사람'의 대명사라면, 사울은 사탄의 계략에 넘어가 '하나님의 은혜를 놓친 어리석은 사람'의 대표라고 할 수 있습니다.

사울은 이스라엘의 초대 왕이었습니다. 그 역시 다윗과 마찬가지로 하나님께서 택하시어 기름부음 받은 하나님의 사람이었지요. 그런데 사울과 다윗, 이 두 사람은 어쩌다 이렇게 대조적인 결말을 맞게 되었을까요?

이스라엘은 처음부터 왕이 통치하던 나라는 아니었습니다. 하나님이 세우신 사사들이 통치하던 신정국가(神政國家)였습니다. 하지만 이스라엘 백성들은 왕을 원했고, 하나님께서는 허락하셨습니다. 이스라엘 백성들이 원해서 왕이 세워졌다는 것, 여기에는 간과할 수 없는 중요한 의미가 담겨 있습니다.

하나님께서 사사 시대에 왕을 세우지 않으신 이유가 무엇입니까?

그것은 하나님이 이스라엘의 유일한 왕이시기 때문이었습니다. 하나님은 사사들을 통해 하나님 자신의 말씀으로 자신의 백성을 친히 다스리기를 원하셨습니다. 하지만 무지한 이스라엘 백성들은 주변 다른 나라들을 바라보며 눈에 보이는 강력한 왕을 원하기 시작했습니다.

"하나님! 우리에게도 왕이 필요합니다. 하나님은 눈에 보이지 않으니 불안합니다. 우리나라도 다른 나라들처럼 눈에 보이는 강력한 왕을 세워주세요!"

만왕의 왕이신 하나님을 거부하다니, 이 얼마나 불충한 요구입니까? 인간은 이토록 하나님을 쉽게 거역하는 존재들입니다. 그럼에도 하나님께서는 이스라엘 백성의 이 같은 요구를 들어주셨습니다. 그렇게 해서 세워진 이스라엘 초대 왕이 바로 사울입니다.

하지만 얼마 못 가 문제가 생기고 말았습니다. 누구보다 영적으로 민감한 분별력으로 하나님의 뜻을 깨닫고 그 뜻대로 이스라엘을 다스려야 했던 사울 왕이 하나님의 뜻보다 자신의 뜻을 우선시하며 하나님의 뜻대로 다스리지 못하고 하나님께 불순종하는 왕이 된 것입니다. 이스라엘 왕의 가장 중요한 사명은 하나님의 음성을 듣고 그 뜻대로 이스라엘을 잘 다스리는 것이었습니다. 하지만 그렇게 하지 못했던 사울은 하나님께 받은 은혜를 모두 다 잃고 말았습니다. 하나님은 이제 그를 버리기로 작정하셨습니다.

사울의 시작은 분명 괜찮았습니다. 그도 하나님이 택하여 세우신 왕이었지요. 그러나 그는 하나님이 부어주신 은혜를 놓치는 어리석음을 저지르고 말았습니다. 하나님 앞에 겸손하게 깨어 있지 못했기 때문입니다.

받은 은혜를 지키는 것도 은혜

하나님은 언제나 우리에게 은혜 베풀기를 기뻐하십니다. 우리가 이 땅을 살아가면서 하나님의 뜻대로 살 수 있도록 늘 도우시고 은혜를 베풀고자 하시지요. 그러나 동시에 사탄은 우리가 은혜를 못 받게 항상 방해할 뿐 아니라 우리가 이미 받은 은혜를 빼앗기 위해 늘 호시탐탐 공격할 기회만을 노리고 있다는 사실을 기억해야 합니다. 그러므로 우리는 예배를 통해 하나님의 은혜를 받아야 할 뿐 아니라 받은 은혜를 빼앗기지 않도록 민감한 영적 분별력을 가지고 지킬 수 있어야 합니다. 받은 은혜를 지키는 것도 하나님의 크신 은혜입니다!

우리는 은혜가 충만할 때 가장 조심해야 합니다. 사탄이 언제 살그머니 와서 우리가 받은 은혜를 빼앗아갈지 모르기 때문입니다. 가장 쉬운 예를 하나 들어보겠습니다. 예배를 마친 후 주차장이 우리의 영적 전쟁터가 될 수 있습니다. 주차장을 빠져 나가면서 차가 막힌다고 투덜댄다면 사탄의 계략에 넘어진 것입니다. 내가 먼저 나가겠다고 다른 성도와 옥신각신하는 것도 마찬가지지요. 집에 도착해서는 어떻습니까? 자녀가 시험 공부는 안 하고 텔레비전만 보고 있다가 현관문을 열고 들어오자마자 후다닥 방으로 들어갑니다. 여러분은 어떻게 하시겠습니까?

"너 왜 하라는 공부는 안 하고 텔레비전만 보고 있어? 엄마가 모를 줄 알아?"

이렇게 무작정 화부터 내면 낭패입니다. 은혜를 받은 다음일수록 화를 내는 데 지혜로워야 합니다. 때로는 모르는 척해주어야 할 때도 있는 법입니다. 자녀가 딴 짓을 했다고 "엄마가 모를 줄 알아?" 하고 화를 내는 건 지극히 자연스럽고 당연한 일입니다. 엄마인데 아는 게 대단한 겁니까? 모르는 게 이상한 거지요. 그러나 모르는 척 넘어가주는 것이 때로 위대한 일이 됩니다. 우리는 영적인 분별력을 최대한 가동하여 하나님이 주신 은혜를 놓치지 않도록 늘 깨어 있어야 합니다.

생각을 지켜라

은혜를 지키기 위해서 우리는 무엇보다 우리의 생각을 잘 지켜야 합니다. 영적 전쟁은 대개 '생각'에서부터 시작되기 때문입니다. 이것을 잘 아는 사탄은 그래서 가장 먼저 우리의 생각 속에 악(惡)의 씨앗을 뿌리지요. 그러나 대부분의 사람들은 어리석게도 이 사실을 간과하고 맙니다. 그냥 무심히 지나치는 경우가 대부분입니다.

이런 실수를 저지르는 대표적인 사람들이 누구인지 아십니까? 아이러니하게도 교회 안에 세워진 직분자들입니다. 누구보다 민감하게 깨어 있어야 할 사람들이 가장 쉽게 사탄의 계략에 넘어가고 마는 것입니다. 사울을 보십시오. 그는 누구보다 영적으로 민감해야 했던 이스라엘 왕이었지만 너무도 쉽사리 교만에 빠져 하나님을 거역하고 말았습니다. 왜 이런 일이 일어나는 것일까요?

'내가 왕인데 이 정도도 못 하겠어?'

'그래, 나 정도면 이 직분을 맡을 만하지. 내가 이 정도는 되잖아?'

자신도 모르게 자신의 자리, 자신의 직분, 자신의 위치에 자만하는 마음이 생긴 탓입니다. 이렇게 겸손함을 잃어버리고 타성에 젖어 으스대는 마음을 갖는 것은 그가 이미 사탄의 밥이 되고 말았다는 증거입니다. 사탄의 교묘한 공격에 자기도 모르게 넘어진 것입니다. 따라서 하나님이 위치를 높여주시면 높여주실수록 더욱 조심하고 겸손한 심령을 유지할 수 있도록 자신을 잘 살피고 특별히 생각을 잘 지켜야 하는 것입니다. 진정한 하나님의 사람은 하나님을 늘 경외함으로 두려워하고, 영적인 분별력으로 언제나 겸손하게 섬기는 사람입니다.

한 사람을 세우시는 하나님

사울이 하나님께 받았던 은혜를 쏟아버리고 하나님의 마음을 놓치고 말았을 때 다윗이 등장했습니다. '다윗의 등장', 이것이 무엇을 말하는 것일까요? 이것은 하나님이 일하시는 방법을 말해줍니다. 성경을 한번 찬찬히 살펴보십시오. 어둠이 드리운 한 시대가 끝나갈 무렵 하나님께서는 다음 시대를 일으킬 한 사람을 세우십니다. 어렵고 힘든 암흑과 같은 시대에 하나님의 빛을 일으킬 한 사람을 세우시는 것입니다. 하나님은 그 한 사람을 통하여 나라와 시대를 변화시키고 회복시켜주십니다. 그것이 하나님의 은혜입니다.

우리가 사는 이 시대는 어떻습니까? 이 시대는 빛을 잃어버린 암흑과 같은 시대입니다. 한국교회는 이미 사회에서 신뢰를 잃어버린 지 오래입니다. 슬픈 현실이지요. 그러나 아직 절망하기에는 이릅니다. 바로 이때, 이 어두운 때에 하나님께서는 새로운 사람, 새로운 교회를 일으키실 것이기 때문입니다. 하나님 마음에 맞는 한 사람, 하나님이 쓰시는 그 한 사람이 바로 우리 자신이 되어야 합니다. 바로 우리 교회가 하나님이 세우시는 그 한 교회가 되어야 합니다. 하나님께서 우리를 통해 이 땅에 새로운 부흥을 일으키실 것입니다!

그러나 새로운 부흥을 위해 우리가 쓰임 받기 위해서는 먼저 철저한 회개가 선행되어야 합니다. 사실, 이 시대가 이토록 어두워진 데에는 우리 그리스도인의 책임이 큽니다. 우리가 하나님의 거룩한 백성으로 온전히 살지 못했기 때문입니다. 교회 안에서는 그럴듯한 신앙인으로 살아왔지만, 세상 속에서는 빛과 소금의 역할을 감당하지 못한 탓에 오늘날 교회가 이토록 세상의 신뢰를 잃고 만 것입니다.

그러니 우리가 먼저 마음을 새롭게 해야 합니다. 하나님 마음에 맞는 사람, 하나님 마음에 흡족한 교회가 되기 위해 간절히 부르짖고 회개해야 합니다. 그럴 때 하나님이 우리를 통해 놀라운 부흥의 불길을 일으키실 것이며 풍성한 열매를 맺으실 것입니다. 그리고 그 열매는 우리만을 위한 열매가 아니라 이 나라와 민족을 위해, 우리의 이웃과 소외된 사람들을 위해 풍성히 맺힐 것입니다. 하나님이 우리를 통해 역사하실 초자연적인 일들을 기대하며 기도해야 합니다. 이것은 개인의 작은 삶에서부터 시작될 것입니다. 한 사람이 살아 계신 하나님을 경험하며 삶으로 나누게 될 때, 그 체험들이 모여서 살아 계신 하나님을 증거하는 거대한 부흥의 불길이 될 것입니다. 그러니 믿음을 가지고 하나님께 쓰임받는 사람으로 살기 위해 새롭게 될 것을 결단하십시오!

당신은 하나님의 기쁨인가, 슬픔인가?

> 사무엘이 죽는 날까지 사울을 다시 가서 보지 아니하였으니 이는 그가 사울을 위하여 슬퍼함이었고 여호와께서는 사울로 이스라엘 왕 삼으신 것을 후회하셨더라 삼상 15:35

이 말씀은 다윗이 본격적으로 등장하기 직전의 상황을 서술하고 있습니다. 하나님께서는 사울을 왕으로 세우신 것을 후회하셨습니다. 그런데 여기에서 '후회하다'는 단어는 전지전능하신 하나님께서 '자신의 잘못을 깨닫고 뉘우쳤다'는 의미가 아닙니다. 영어성경 NIV는 이 부분을 'grieved'(슬퍼하다)라고 번역하고 있습니다. 다시 말해, 하나님께서 사울을 이스라엘 왕으로 삼으신 것을 '슬퍼하셨다'는 의미입니다. 이것이 무엇을 말합니까? 다윗은 하나님 마음에 흡족한 사람이었지만, 사울은 하나님의 마음에 근심을 주는 사람, 슬픔을 안겨드리는 사람이었다는 뜻입니다.

많은 사람들이 하나님의 기쁨이 되고 싶다고 고백합니다. '나 주님의 기쁨 되기 원하네'라는 찬양도 많이 부르지 않습니까? 저 역시 마찬가지입니다. 아마 많은 분들이 저와 같은 심정일 것입니다. 그러나 실제로 보면 다윗의 경우처럼 하나님의 기쁨이 되는 사람이 있는가 하면, 사울처럼 하나님에게 슬픔을 안겨드리는 사람도 있습니다.

당신의 모습은 어떻습니까? 당신은 하나님의 기쁨이 되고 있습니까? 아니면 하나님의 슬픔이 되고 있습니까? 하나님께 쓰임 받는 사람입니까? 아니면 사탄의 교묘한 술수에 넘어가 사탄에게 쓰임 받는 사람입니까?

목회를 하다 보면 참 안타까울 때가 있습니다. 교회가 주님이 주신 비전을 따라 열심히 달려 나갈 때, 또 하나님이 부흥의 은혜를 부어주실 때 그 비전에 동참하거나 부흥의 주역이 되는 대신 오히려 부흥에 거침이 되는 사람들이 있기 때문입니다. 물론 나중에 보면 그런 크고 작은 어려움을 통해서 하나님의 뜻이 더욱 견고해지고 모든 것을 합력하여 선을 이루어주시는 하나님의 선하심을 경험하게 되지만, 하나님의 일에 하나님이 기뻐하시는 도구가 되지 못하고 자신도 모르는 사이에 사탄이 이용하는 도구가 되고 마는 경우를 볼 때면 목회자로서 마음이 참 무겁습니다.

우리 안에 하나님이 주시는 생각이 있고 사탄이 주는 생각이 있는 것처럼, 세상에는 하나님이 사용하시는 사람이 있고 사탄이 사용하는 사람이 있습니다. 하나님 마음에 맞는 사람이 있고 하나님 마음에 근심이 되는 사람도 있습니다. 우리 모두가 하나님 마음에 맞는 사람이 되어야 하지 않겠습니까? 하나님께 기쁨이 되는 사람이 되어야지 슬픔을 안겨드리는 사람이 되어서는 안 됩니다. 그러니 하나님 마음에 기쁨이 되는 사람이 되기를 소원하십시오. 겸손한 심령으로 하나님이 기뻐하시는 일을 행하기로 결단하십시오.

"하나님, 제가 주님 앞에서 늘 겸손하기를 원합니다. 도와주시옵소서!"

이것이 복된 인생의 시작입니다. 이렇게 기도할 때 하나님이 우리를 주님의 길로 인도하시고 들어 쓰실 것입니다.

하나님의 때가 되었다

하나님께서는 이제 사무엘 선지자에게 새로운 왕의 등장을 선포하십니다. 하나님의 때가 된 것입니다. '하나님의 때'는 새로운 시대의 시작인 동시에 이전 시대의 마지막을 알립니다.

> 여호와께서 사무엘에게 이르시되 내가 이미 사울을 버려 이스라엘 왕이 되지 못하게 하였거늘 네가 그를 위하여 언제까지 슬퍼하겠느냐 너는 뿔에 기름을 채워 가지고 가라 내가 너를 베들레헴 사람 이새에게로 보내리니 이는 내가 그의 아들 중에서 한 왕을 보았느니라 하시는지라 삼상 16:1

하나님은 죄인인 우리에게 끊임없이 은혜를 베푸시며 반복해서 기회를 주시는 분이십니다. 하지만 그 기회는 영원히 계속되지 않습니다. 때가 되면 모든 것이 끝나고 맙니다. 우리의 삶도 마찬가지입니다. 언젠가는 모든 것을 심판하시는 하나님 앞에 서게 될 것입니다. 혹시 지금 죄악 중에 있는데도 불구하고 하나님이 거듭 기회를 주고 계신 분이 있습니까? 그 기회를 낭비하지 말고 지금 바로 예수님 앞에 나아와 그 죄악을 해결해야 합니다. 하나님의 때가 이르러 예수님이 다시 오실 때에는 더 이상의 기회가 없습니다. 그때 슬피 울며 이를 가는 일이 없도록 지금 기회를 주실 때 우리의 마음을 살펴 예수님 앞에 온전히 서야 합니다. 예수님은 성경에 약속하신 것처럼 반드시 다시 오십니다!

하나님의 마음을 얻는 사람의 최고 무기, 회개

그런데 여기서 중요한 질문을 하나 하겠습니다. 만일 오늘 예수님이 다시 오신다면 당신은 예수님께 "하나님을 기쁘시게 하는 자"(히 11:5)라는 말씀을 들을 수 있겠습니까? 사실 이 질문은 말씀을 준비하는 내내 저에게 걸림이 되었던 질문입니다.

'과연 나는 하나님 앞에 기쁨이 되는 삶을 살았는가?'

제 자신을 찬찬히 돌아보니 저는 가난한 심령으로 하나님 앞에 돌아가 엎드려 기도하는 수밖에 없었습니다.

"하나님 아버지, 잘못했습니다. 용서해주십시오. 그동안 하나님의 기쁨이 되는 삶을 살지 못했습니다. 말로만 하나님을 섬긴 때가 얼마나 많았는지요. 이 연약한 자에게 하나님의 긍휼과 능력을 허락해주옵소서. 정말 주님의 기쁨이 되는 삶을 살고 싶습니다. 잘하고 싶습니다. 주님이 제게 은혜를 베푸셔서 도와주옵소서."

한참을 그렇게 기도하고 나니 하나님이 주시는 평안이 찾아왔습니다. 그렇습니다. 우리 주님은 미쁘시고 의로우셔서 회개하면 용서해주십니다. 그리스도인의 가장 강력한 무기는 회개입니다.

> 만일 우리가 우리 죄를 자백하면 그는 미쁘시고 의로우사 우리
> 죄를 사하시며 우리를 모든 불의에서 깨끗하게 하실 것이요
> 요일 1:9

회개에는 많은 말이 필요하지 않습니다. 그저 세리처럼 하나님 앞에 엎드려 "하나님 저는 죄인입니다. 저를 불쌍히 여겨주세요"라고 고백하는 것으로 충분하지요. 바리새인처럼 하나님 앞에 당당하게 서서 그럴 듯한 많은 말로 기도하는 것은 진정한 회개가 아닙니다. 가난한 심령으로 겸손히 엎드리는 회개를 하나님께서는 기뻐하십니다. 특별히 직분을 맡은 자일수록 바리새인과 같이 되지 않도록 항상 조심하고 경계해야 합니다.

'내가 이만큼 섬기는데 이 정도 죄는 용서해주시겠지.'

이런 마음으로 기도하면 하나님이 받지 않으십니다. 만일 진정한

회개를 하지 않는데도 불구하고 하나님이 그냥 내버려두신다면, 그건 하나님의 용서가 아닙니다. 오히려 무서운 심판일 수 있습니다. 한번 생각해보세요. 부모는 자기 자녀가 잘못하면 혼을 냅니다. 그러나 남의 자녀가 잘못하면 어떻습니까? 여간해서는 혼을 내지 않지요.

언젠가 하루는 제 아들이 친구를 데리고 집에 왔습니다. 함께 밥을 먹는데 아들이 밥풀을 몇 알씩 흘리면서 먹는 겁니다. 그래서 저는 엄한 얼굴로 "밥을 깨끗이 먹어야지. 한 번만 더 흘리면 아빠한테 혼난다"하고 경고했습니다. 그런데 옆에 앉아 같이 먹는 친구를 보니 몇 알 정도가 아니라 거의 반을 흘리며 먹는 게 아니겠습니까? 제가 뭐라고 했겠습니까?

"괜찮다. 그래도 먹는 게 더 많네. 많이 먹거라."

그때 저를 바라보던 아들의 표정이 어땠겠습니까? 짐작이 가지 않습니까? 억울한 심정을 가득 담아서 '아빠는 나만 가지고 그래. 우리 아빠 맞아?' 하는 눈길로 저를 한참 쳐다보았습니다. 그러나 야단을 안 치는 것이 사랑이 아닙니다. 오히려 아들을 사랑하는 아빠이기 때문에 아들이 좋은 습관을 갖기를 바라는 마음에서 야단을 치는 것이지요.

하나님도 마찬가지이십니다. 하나님은 우리의 죄를 보시고 혼을 내십니다. 우리가 하나님이 기뻐하시는 길로 온전히 가기를 바라시기 때문입니다. 그러나 때로는 죄악을 보고도 그냥 두실 때가 있습니다. 죄를 짓고도 별로 혼나는 것 같지 않습니다. 그러나 그것은 결코 기뻐할 일이 아닙니다. 하나님이 사울처럼 여기신 것이라면 오히려 무시무시한 벌인 것입니다. 사람은 연약하기 때문에 언제든지 죄로 넘어질 수 있습니다. 넘어진 것이 실패가 아닙니다. 회개하지 않는 것이 실패입니다. 하나님의 마음을 얻는 첫걸음은 진실한 회개에서부터 시작됩니다.

하나님은 중심을 보신다

하나님은 우리의 진솔한 중심을 보십니다. 겉모습이 아닌 진솔한 내면의 중심을 보시는 것이지요.

> 여호와께서 사무엘에게 이르시되 그의 용모와 키를 보지 말라 내가 이미 그를 버렸노라 내가 보는 것은 사람과 같지 아니하니 사람은 외모를 보거니와 나 여호와는 중심을 보느니라 하시더라 삼상 16:7

하나님이 중심을 보신다는 이 말씀은 우리에게 어떤 의미를 가질까요? 단순하게 '하나님 말씀이니까 좋은 의미겠지'라고 할 수도 있겠지만, 그렇게 단순한 문제가 아닙니다. 조금만 깊이 생각해보면 여간 두려운 말씀이 아닐 수 없습니다. 사람의 겉모습은 속일 수 있어도 중심까지 속일 수는 없기 때문입니다.

그리스도인들 중에서도 적지 않은 사람들이 세상 속에서는 세상 사람과 똑같이 살다가 교회에만 나오면 탈바꿈하는 것을 봅니다. 평상시에는 기도 없이 살다가 교회에서는 온갖 경건한 미사여구를 사용하여 기도합니다. 사람들은 그 모습에 쉽게 속기 마련이지요. 그러나 사람의 중심을 보시는 하나님은 결코 속일 수 없습니다. 하나님은 그 중심을 정확하게 보시는 분이십니다. 그러니 이 말씀이 어찌 두렵지 않을 수 있겠습니까?

그러나 달리 생각해보면 이 말씀은 두려운 동시에 무척 은혜로운 말씀이기도 합니다. 모든 사람이 당신을 오해합니다. 그 오해로 인해 의심 가득한 눈초리로 당신을 예의 주시합니다. 답답합니다. 해결할 수 없습니다. 누구에게도 당신의 심정을 털어놓을 수 없습니다. 아무도 의지할 사람이 없는 그때 중심을 보시는 하나님을 기억한다면 얼마나 위로가 되겠습니까? 중심을 보시는 하나님이 당신을 기억하시고 세워주실 것입니다. 그러니 사람의 눈을 의식하거나 두려워하지 마십시오. 하나님이 당신의 중심을 보고 계십니다. 그 하나님만을 두려워하며 사는 사람, 그 중심이 하나님께로 온전히 향해 있는 사람이 진정으로 하나님 마음에 맞는 하나님의 사람입니다. 이런 믿음의 사람은 하나님께서 반드시 책임져주십니다.

세상의 스펙은 하나님께 통하지 않는다

선지자이자 제사장인 사무엘은 이새의 아들 중에서 사울을 대신할 왕을 세우시겠다는 하나님의 말씀에 따라 베들레헴에 사는 이새에게로 가서 그의 아들들을 모두 불렀습니다(삼상 16:1 참조).

첫째 아들 엘리압을 본 순간 사무엘은 그가 마음에 꼭 들었습니다. 과연 "여호와의 기름 부으실 자"라는 생각이 들었습니다. 사무엘은 남자답고 잘생긴 그가 왕이 되기에 적합하다고 생각했습니다. 그래서 엘리압에게 기름을 붓고자 하는데 하나님께서는 "그의 용모와 키를 보지 말라 내가 이미 그를 버렸노라"(삼상 16:7)라고 말씀하시며 기름을 붓지 못하게 하셨습니다. 하나님은 외모를 보지 않으시고 중심을 보시는 분이시기 때문입니다.

> 내가 보는 것은 사람과 같지 아니하니 사람은 외모를 보거니와
> 나 여호와는 중심을 보느니라 삼상 16:7

사무엘은 둘째 아비나답을 불렀습니다. 그도 아니었습니다. 셋째 삼마도 불렀지만 그도 아니었습니다. 이새의 일곱 아들을 다 만나 보았으나 모두 하나님이 택하신 사람이 아니었습니다. 사람의 눈으로 보기에는 모두들 훌륭한 인재 같아 보였지만, 중심을 보시는 하나님 눈에는 흡족하지 않으셨던 것입니다.

우리 시대에도 이새의 일곱 아들들과 같은 이들이 참 많습니다. 엘리압과 같이 뛰어난 외모와 키를 가진 사람, 훌륭한 학벌을 가진 사람, 대기업의 엘리트로 촉망받는 사람, 흔히 말하는 스펙 좋은 사람들이 얼마나 많습니까? 그러나 하나님의 기준은 유능함과 탁월함이 아닙니

다. 하나님께서는 신실한 사람을 사용하십니다. 하나님을 향한 우리의 신실한 태도를 보십니다. 그러니 우리는 하나님께 유능함이나 탁월함을 구하기에 앞서 먼저 하나님 앞에서 온전한 태도를 갖게 해달라고 간구해야 합니다. 사실 능력이나 탁월함, 부(富)와 권력은 모두 하나님께 있는 것입니다. 하나님을 향한 온전한 중심의 태도를 가질 때 하나님께서 이 모든 것을 더하여주실 것입니다.

세상에서는 인정받지 못할지라도

이새의 일곱 아들들을 모두 본 사무엘은 그들 중에 하나님의 택함 받은 사람이 없음을 알고 이새에게 묻습니다.

> 네 아들들이 다 여기 있느냐 삼상 16:11

사무엘의 질문에 이새는 "아직 막내가 남았는데"라고 대답합니다. 여기서 '막내'란 단어는 히브리어로 '카탄'입니다. '카탄'은 '여러 형제 중에서 맨 나중에 난 사람'이라는 의미보다는 '하찮은 사람, 중요하지 않은 사람'이란 뜻을 담고 있습니다. 즉, 다윗은 아버지의 우선순위에서 밀려난 아들이었음을 알 수 있습니다.

다윗은 귀여움을 독차지하는 막내가 아니었습니다. 당시 다윗이 어떤 상황이었습니까? 자신의 아버지로부터 '하찮은 자'라는 대접을 받고, 자기 형들이 모두 사무엘을 만나기 위해 들떠서 준비하는 동안 들에 나가 양을 치고 있었습니다. 아마도 다윗은 속으로 실망을 많이 했을 것입니다. 그도 이스라엘의 정신적 지주나 다름없는 사무엘 선지자를 만날 생각에 들떠 있었을 텐데, 갑자기 아버지가 "그곳은 네가 있을 자리가 아니니 너는 들에 나가 양이나 치거라"라고 했으니 말입니다.

만약 우리가 다윗과 같은 상황이었다면 어땠을까요? 우리가 속한 가정이나 사회나 직장에서 다윗과 같이 '하찮은 자' 취급을 당했다면 어떻게 행동했을까요? 아마 제가 다윗이었다면 양을 치기는커녕 아버지를 원망하며 양들을 다 팔아 가출했을지도 모릅니다. 그러나 다윗은 아버지의 말에 순종합니다. 그는 유능한 사람은 아니었지만, 충성스럽고 겸손한 자였습니다. 우리는 유능하고 똑똑한 사람을 선호하지만, 하나님은 겸손한 사람을 원하십니다.

세상 모든 사람은 인정받기를 원합니다. 이왕 인정받을 거 1등 하기를 원하지요. 특히 우리나라 사람들은 1등을 좋아합니다. 한 개그맨은 이런 현실을 풍자하여 "1등만 기억하는 더러운 세상"이라는 말을 유행시키기도 했지요. 모든 사람이 상석을 좋아하고 우두머리가 되기를 꿈꿉니다. 어떤 방법을 동원해서라도 잘되기를 추구합니다. 그래서 그런지 우리나라 부모들은 자녀들을 위해 이런 기도를 많이 합니다.

"하나님! 우리 자녀에게 능력을 주옵소서. 우리 아이가 꼬리가 되지 말고 머리가 되게 해주시옵소서!"

하지만 무조건 잘되고 무조건 높아지기만 바라는 것을 하나님께서는 기뻐하지 않으십니다. 도리어 예수님은 낮아지고 섬길 것을 말씀하셨습니다. 상석에 앉지 말고 말석에 앉을 것을 가르치셨습니다(눅 14:10,11 참조). 하나님 마음에 합하다는 평가를 들었던 다윗은 1등도 아니었고 유능한 사람도 아니었습니다. 자신의 아버지마저도 대수롭지 않게 여기는 아들이었지요. 사람의 눈에는 하찮고 중요하지 않은 자처럼 보였던 다윗이 하나님 마음에 합한 사람이 된 것은 이처럼 그 중심이 하나님 앞에서 신실했기 때문입니다.

하나님 보시기에 아름다운 마음의 중심

다윗은 겸손하고 충성스러웠으며 성실하고 정직했습니다. 그는 핑계를 대거나 불평하지 않았습니다. "하나님, 저 이것은 진짜 못하겠습니다"라고 원망을 늘어놓거나 "아버지, 어떻게 제게 이러실 수가 있어요?"라고 불평하지 않았습니다. 그저 자신의 자리에서 묵묵히 맡겨진 일을 충성스럽게 감당했습니다. 자기에게 맡겨진 일에 충실한 것이 바로 그리스도인의 믿음 생활입니다. 믿음이라는 것은 거창한 뭔가를 행하거나 받는 것이 아닙니다. 일터의 직장인이라면 그 자리에서 맡겨진 일을 성실하고 충성스럽게 감당하는 것, 그것이 믿음 생활입니다. 그것이 그들을 향한 하나님의 뜻이지요. 학생들을 향한 하나님의 뜻은 성실하게 공부하는 것입니다.

성실하고 정직한 사람은 편법과 거짓으로 가득한 이 세상에서 자칫 불이익을 당할지도 모릅니다. 그러나 불이익을 감수하고서라도, 고지식하다는 세상의 평가를 받을지라도 하나님의 말씀 그대로 붙잡고 살아가는 것, 이것이 하나님의 초자연적인 역사를 일으키게 하는 믿음입니다.

물론 하나님의 말씀대로 사는 것은 결코 쉽지 않습니다. 그러나 하나님께서 성실하고 정직한 마음의 중심을 가진 자를 기뻐하신다는 것은 분명한 사실입니다. 그러니 성실하고 정직한 삶을 살기 위하여 사람의 눈이 아닌 하나님의 눈을 의식하며 살기 바랍니다. 하나님의 마음에 기쁨이 되는 중심의 기초는 바로 사람의 눈을 의식하지 않고 하나님의 눈을 의식하는 것입니다. 사람의 이목이나 평가에 좌지우지되는 것이 아니라 하나님의 뜻과 평가를 가장 중요하게 생각하는 마음, 이것이 하나님 보시기에 아름다운 중심인 것입니다.

다윗은 그의 인생을 통해서 이 사실을 증거하고 있습니다. 다윗은 사람이 보기에는 하찮은 일일지라도 하나님이 기뻐하시고 원하시는 것을 기꺼이 감당했습니다. 그는 자신에게 맡겨진 양을 돌보는 일에 최선을 다했습니다. 맹수가 들끓는 광야에서도 하나님을 찬양하고 기도했습니다.

그랬더니 그에게 간증이 생겼습니다. 외로움과 고통이 가득한 광야에서 자신과 함께하시는 하나님을 체험했고, 양떼와 자기를 공격하는 맹수로부터 지키시고 보호하시는 하나님을 체험했습니다. 어렵고 고통스러운 상황에서라도 신실하게 믿음을 지킬 때 하나님께서는 놀라운 역사와 체험을 허락하십니다. 그에게는 양을 치는 그곳이 하나님을 예배하며 하나님의 능력을 체험하는 거룩한 장소였습니다.

　하나님을 일대일로 만나는 체험이 없는 믿음은 시험에 빠지기 쉽습니다. 그런 믿음은 시험이 다가오면 잘 넘어지지요. 우리는 모두 우리의 삶 속에서 하나님을 대면하여 경험하고 만나야 합니다. 다른 사람의 간증을 듣고 아는 것으로 만족하지 마십시오. 다윗이나 다니엘의 간증을 듣고 "대단하다" 하고 감탄하는 데 그치지 마십시오. 그런 역사가 내 삶 속에서 일어나 나의 간증이 되어야 합니다.

간증의 주인공으로 살아라

　어린 시절, 교회에서 '다윗과 골리앗'이라는 성극만 하면 골리앗 역할은 늘 제 몫이었습니다. 그 이유는 일단 몸집이 컸기 때문입니다. 또 목사 아들이므로 다윗의 손에 죽어야 하는 골리앗 역할을 시키더라도 부모로부터 항의를 받을 염려가 없었기 때문인 것도 같습니다. 그래서 저는 골리앗의 역할을 맡아 여러 번 죽어야 했습니다. 제가 죽을 때마다 다윗 역할을 맡은 친구는 항상 의기양양하게 서 있었습니다. 어린 마음에 그 모습이 얼마나 부러웠는지 모릅니다.

　제가 비록 성극에서는 골리앗 전담이었지만, 우리는 모두 각자의 삶 속에서는 주인공인 다윗으로 살아야 합니다. 우리 자신이 하나님의 능력을 체험하는 인생의 주인공으로 살아야 하는 것입니다. 그렇게 살 수 있는 비결은 바로 늘 하나님을 의식하며 하나님의 말씀과 뜻대로 살아가는 것입니다. 특별히 아무도 보는 사람이 없을 때, 바로 그

곳에서 하나님의 눈을 의식하는 훈련을 해야 합니다. 아무도 안 보는 곳에서 드러나는 모습이 진짜 '나'의 모습입니다. 그 자리에 아무도 없을지라도 바로 그곳에 하나님이 계시며, 그때 드러나는 나의 모습이 진짜 나의 실상인 것입니다.

이가 그니!

사무엘은 들에서 양을 돌보고 있는 다윗을 불러오게 했습니다.

> 사무엘이 이새에게 이르되 사람을 보내어 그를 데려오라 그가 여기 오기까지는 우리가 식사 자리에 앉지 아니하겠노라
> 삼상 16:11

사무엘 선지자가 부른다는 말을 듣고 다윗이 부리나케 달려왔습니다. 다른 사람도 아니고 당시 최고의 영적 지도자 사무엘 선지자가 부른다고 하니 얼마나 열심히 달려왔겠습니까? 일하다 말고 더러운 옷에 땀범벅이 된 얼굴 그대로 달려왔겠지요. 아마 꼴이 말이 아니었을 것입니다. 그러나 그런 다윗을 보며 하나님이 뭐라고 말씀하십니까?

> 여호와께서 이르시되 '이가 그니' 일어나 기름을 부으라 하시는지라 삼상 16:12

"이가 그니…."

우리 모두가 하나님께 듣고 싶은 한마디가 바로 이 말이 아닙니까? 이것은 하나님이 인정하시는 말입니다. 사람의 눈으로 보기에 어떻든지 하나님께서는 그를 인정하시며 "이가 그니"라고 말씀하셨습니다. 사실 인간적인 눈으로는 나이도 어리고 더럽고 땀범벅이었던 다윗보다 그의 형들이 여러 모로 훨씬 나아 보였을 것입니다. 그러나 하나님께서는 다윗을 향하여 "이가 그니"라고 선포하십니다. 그가 바로 하나님이 인정하시는 사람입니다. 하나님이 기름부으심을 위해 택하신 사람은 사람의 눈에 가장 하찮게 보였던 다윗이었습니다. 이스라엘의 회복이 바로 그로부터 시작될 것이었지요.

교회가 거룩함을 잃어가고 세상이 하나님을 거부하는 이때에 "하나님의 거룩한 임재와 회복, 그로 인한 기적들이 누구로부터 일어나겠는가?" 하는 질문 앞에서 바로 우리 자신이, 우리 교회가 "이가 그니"라는 하나님의 인정을 받기를 소원합니다. 우리 인생이 하나님의 인정을 받아 "이가 그니"라는 말씀을 들을 수 있게 되기를 간절히 바랍니다. 정말 그 한 사람이 바로 우리였으면 좋겠습니다.

동시에 우리는 사탄이 우는 사자같이 유혹해 넘어뜨리고 이용할 자들을 찾아다닐 때, 사탄으로부터 "이가 그니"라는 말을 듣지 않도록 항상 깨어 있어야 합니다.

마지막 때라고 하는 이 시대에 하나님의 마음에 합한 교회와 하나님의 마음에 합한 사람의 등장이 필요합니다. 하나님께서는 지금도 성경의 기적을 우리의 일상으로 만들어갈 하나님의 사람을 찾고 계십니다. 이 마지막 때에 내가 그 사람이 되어 하나님으로부터 "이가 그니"라는 말씀을 듣게 되기를 간절히 소원하게 되기를 바랍니다.

다윗이 기름부음 받다

> 사무엘이 기름 뿔병을 가져다가 그의 형제 중에서 그에게 부었더니 이 날 이후로 다윗이 여호와의 영에게 크게 감동되니라 사무엘이 떠나서 라마로 가니라 삼상 16:13

사무엘이 다윗에게 기름을 부었습니다. 그러자 다윗이 하나님의 영(靈)에 의해 크게 감동되었습니다. 이처럼 기름부으심은 성령 체험을 의미합니다. 성령 체험은 방언이나 예언과 같은 은사를 통해서 이루어지는 것이 아닙니다. 오히려 그러한 은사는 하나님이 주시는 성령의 역사들 중의 하나인 것입니다. 그렇다면 성령 체험은 언제 일어나는 것일까요? 우리 같은 죄인이 예수 그리스도를 나의 구주로 진정으로 고백하는 순간, 성령의 역사는 시작되며 성령의 기름 부으심이 일어납니다.

'하나님의 마음에 맞는 사람'(행 13:22 참조)이라는 말을 영어로 표현해보면 '하나님의 마음을 따르는 사람', '하나님의 마음을 좇아가는 사람'이라는 뜻이 됩니다. 즉, 하나님의 마음을 향하여 달려가는 사람이 하나님의 마음에 맞는 사람인 것이지요.

　하나님의 마음과 뜻을 향하여 성실과 정직한 중심으로 달려 나가는 사람이 바로 하나님의 마음에 흡족한 사람입니다. 우리 모두가 하나님의 마음에 맞는 사람이 되기를 원합니다. 그러기 위해서는 중심을 보시는 하나님 앞에서 늘 우리 마음의 태도와 중심을 새롭게 해야 합니다. 모든 순간에 하나님을 의식하고 그분의 말씀을 따라 살아가기로 결단해야 합니다. 우리의 마음을 수시로 점검하여 회개함으로 우리의 중심이 늘 주님께로 향하도록 마음의 태도를 신실하게 정해야 합니다. 그리하여 우리 모두가 "이가 그니"라는 하나님의 인정을 받아 이 땅에서 하나님의 역사를 이루어가는 기적의 사람이 다 되기를 간절히 소원합니다.

01

하나님의 에이스로 사는 법

하나님 앞에서 겸손하고
충성스러운 내면의 중심을 새롭게 하라

01 하나님은 하나님의 때에 하나님의 사람을 세우신다

하나님께서는 어둠이 드리운 한 시대가 끝나갈 무렵 다음 시대를 일으킬 한 사람을 세우십니다. 하나님은 그 한사람을 통하여 나라와 시대를 변화시키시고 회복시켜주십니다. 그것이 하나님의 은혜입니다. 사울로 인해 어둠이 드리웠을 때 하나님은 그 마음에 합한 사람 다윗을 세우셨습니다.

02 하나님의 선택 기준은 우리의 내면 중심이다

하나님은 우리의 진솔한 중심을 보십니다. 사람은 우리의 조건과 외모를 보지만 하나님은 내면의 중심을 보시는 것이지요. 사람을 두려워하는 것이 아니라 하나님만 두려워하는 사람, 깊은 내면의 중심이 하나님께로 온전히 향해 있는 사람이 진정으로 하나님 마음에 맞는 사람입니다. 이런 믿음의 사람은 하나님이 반드시 책임져주십니다.

03 하나님은 정직하고 충성스러운 자를 사용하신다

하나님께 선택 받은 다윗은 겸손하고 성실하고 정직했습니다. 그는 핑계를 대거나 불평하지 않았습니다. 그저 자신의 자리에서 묵묵히 맡겨진 일을 충성스럽게 감당했습니다. 자기에게 맡겨진 일에 충실한 것이 바로 그리스도인의 믿음 생활입니다. 믿음이라는 것이 거창한 뭔가를 행하거나 받는 것이 아닙니다. 일터의 직장인들은 그 자리에서 맡겨진 일을 성실하고 충성스럽게 감당하는 것, 그것이 믿음 생활이며 그것이 그들을 향한 하나님의 뜻입니다.

CHAPTER 02

하나님이 가르쳐주신 승리의 공식
승리는 힘으로 하는 것이 아니다

블레셋 사람이 방패 든 사람을 앞세우고 다윗에게로 점점 가까이 나아가니라 … 다윗이 블레셋 사람에게 이르되 너는 칼과 창과 단창으로 내게 나아 오거니와 나는 만군의 여호와의 이름 곧 네가 모욕하는 이스라엘 군대의 하나님의 이름으로 네게 나아가노라 오늘 여호와께서 너를 내 손에 넘기시리니 내가 너를 쳐서 네 목을 베고 블레셋 군대의 시체를 오늘 공중의 새와 땅의 들짐승에게 주어 온 땅으로 이스라엘에 하나님이 계신 줄 알게 하겠고 또 여호와의 구원하심이 칼과 창에 있지 아니함을 이 무리에게 알게 하리라 전쟁은 여호와께 속한 것인즉 그가 너희를 우리 손에 넘기시리라 블레셋 사람이 일어나 다윗에게로 마주 가까이 올 때에 다윗이 블레셋 사람을 향하여 빨리 달리며 손을 주머니에 넣어 돌을 가지고 물매로 던져 블레셋 사람의 이마를 치매 돌이 그의 이마에 박히니 땅에 엎드러지니라

삼상 17:41-49

하 나 님 의 에 이 스

인생의 골리앗을 만날 때

'다윗' 하면 떠오르는 인물이 있지요. 바로 '골리앗'입니다. '다윗과 골리앗' 이야기는 아주 유명하지요. 교회에 다니지 않은 사람들까지도 다 알 정도니 말입니다. 덕분에 다윗은 '작지만 용감한 사람'의 대명사가 되었고, 골리앗은 '넘기 힘든 상황이나 일 또는 사람'을 상징하게 되었습니다.

살다 보면 누구나 인생의 골리앗과 같은 존재를 만나 절망적인 상황을 경험하게 마련입니다. 때로는 내일이 오는 것이 두려워 잠에서 깨어나고 싶지 않다는 생각이 들 때도 있습니다. 다른 사람의 이야기가 아닙니다. 바로 저의 이야기이고 당신의 이야기입니다. 이런 절망의 순간은 누구에게라도 찾아 올 수 있기 때문이지요.

사실 이 땅을 살아가는 모든 사람은 크고 작은 저마다의 문제를 안고 힘들어합니다. 아무리 돈이 많아도 건강이나 자녀 문제로 가슴앓이를 할 수 있고, 반대로 몸도 건강하고 가족 관계도 화목하지만 가정 경제가 어려운 탓에 고통을 겪기도 합니다. 이런저런 문제들이 우리 앞에 늘 절망의 순간으로 도사리고 있습니다.

사탄은 이 절망이라는 수단을 통해 사람들의 마음을 묶고 쓰러뜨리려고 호시탐탐 노리고 있습니다. 안타깝게도 많은 사람들이 사탄의 공격에 넘어지고 맙니다. 좌절하고 절망에 빠진 수많은 사람들이 자신은 다시는 일어날 수 없다고 생각하며 포기하려고 합니다. 그러나 하나님의 생각은 다릅니다. 하나님은 우리가 그 절망의 시간을 통해 하나님께로 돌아오기를 기다리고 계십니다. 그리고 그 절망을 통해 살아 계신 하나님을 경험하기를 바라고 계신 것이지요.

구약성경에 나오는 아람의 군대 장관 나아만은 문둥병에 걸리고 말았습니다. 그야말로 절망적인 상황에 처한 것입니다. 그는 한 가닥 희망을 안고 요단강에 몸을 일곱 번 씻으라는 이스라엘의 선지자 엘리사의 말대로 요단강에 몸을 담갔습니다. 그런데 여섯 번까지 몸을 씻었는데도 몸에서는 아무런 변화가 일어나지 않았습니다. 이제 한 번만 더 씻으면 일곱 번인데 자신의 몸에 여전히 남아 있는 문둥병을 보면서 나아만은 깊은 절망을 느꼈을 것입니다.

그러나 말씀에 따라 일곱 번까지 인내하고 순종했을 때 하나님께서 나아만의 삶에 기적을 베푸셨습니다. 절망하고 포기할 수밖에 없었던 마지막 순간에 포기하지 않고 하나님 말씀에 순종한 나아만에게 하나님이 병이 깨끗이 낫는 기적과 함께 삶이 새로워지는 은혜를 허락하신 것입니다(왕하 5장 참조).

이렇듯 하나님의 말씀을 따르는 사람들에게는 절망에서 이길 수 있는 특별한 비책이 있습니다. 하나님이 승리의 방법을 가르쳐주시기 때문입니다. 하나님은 다윗과 골리앗의 싸움을 통해서도 우리에게 놀라운 승리의 공식을 알려주고 계십니다. 이 승리의 공식을 통해 우리도 모두 승리하는 하나님의 사람이 될 수 있습니다.

두려워 떠는 이유

다윗은 양을 돌보다 말고 전쟁터에 있는 형들에게 곡식과 떡과 치즈를 전해주고 오라는 아버지의 말씀에 순종하여 전쟁터로 갑니다(삼상 17:17,18 참조). 형들에게 전해줄 음식을 들고 전쟁터에 와보니 이스라엘의 모든 군사들이 블레셋 군사 골리앗을 보고 두려워 떨고 있는 모습이 그의 눈에 들어왔습니다.

골리앗은 가드 사람으로 키가 거의 3미터나 되었습니다. 키가 2미터만 넘어도 거인처럼 보이는데 2미터를 훌쩍 넘어 3미터에 가까운 키를 자랑했으니 그 위압감이 어땠겠습니까? 거기다 창날 무게만 7킬로그램이 되는 창을 들고 60킬로그램에 가까운 놋 갑옷을 입고 다니니, 그야말로 괴물처럼 보였을 것입니다.

골리앗은 타고난 싸움꾼이었습니다. 어쩌면 태어나면서부터 싸움을 배우는 집안에서 자랐을지도 모릅니다. 하지만 아무리 거대한 골리앗 앞이라 해도 온 이스라엘 군대가 그 앞에서 두려워 떠는 모습이 다윗에게는 이상하게 보였습니다. 한 나라의 군대가 적군 한 사람 앞에서 모두 덜덜 떨고 있는 모습을 상상해보십시오. 그 모습이 얼마나 초라하고 우스워 보였겠습니까?

그렇다면 온 이스라엘 군사들이 골리앗 앞에서 그토록 두려워 떨었던 이유는 무엇일까요? 그것은 '골리앗'이라는 문제 앞에 그들의 시선이 고정되어 있었기 때문입니다. 다시 말하면, 눈앞의 문제에 그들의 모든 생각을 빼앗긴 것입니다. 그들은 골리앗이라는 문제 앞에서 무엇을 어떻게 해야 할지 전혀 알지 못한 채 두려움에 빠져 허둥대기만 했습니다.

문제에 생각을 빼앗기지 말라

사탄은 종종 우리의 생각에 악의 씨앗을 뿌립니다. 그 씨앗은 점점 자라 우리의 생각 자체를 점령해버리지요. 우리의 생각 속에 두려움의 줄기를 키우고 절망의 열매를 맺게 만드는 것입니다. 골리앗이란 문제에 생각을 온통 빼앗긴 이스라엘 군대는 하나님에 대한 생각도 빼앗기고 말았습니다. 그들의 머릿속을 가득 채우고 있는 것은 오직 '거대한 골리앗'이라는 절망적인 상황뿐이었습니다.

사람은 언제 절망합니까? 자기의 생각을 어려운 상황에 온통 빼앗겼을 때 절망합니다. 사실 어려움 자체는 그리 큰 문제가 아닐지도 모릅니다. 진짜 문제는 어려움을 향한 우리의 태도입니다. 눈앞에 보이는 어려운 상황에 우리의 생각을 빼앗기고 나면 그때부터는 절망의 어둠 속에 갇혀버리게 되는 것입니다. 소망도 꿈도 비전도 다 빼앗겨 버리게 되는 것이지요.

이런 일들은 교회 안에서도 종종 벌어집니다. 목회자와 교회가 하나님의 부르심을 받아 한마음이 되어 하나님이 주신 꿈과 비전을 이루기 위해 달려갑니다. 그러나 사탄은 교회 안에 문제를 일으켜 하나님의 일꾼들을 무너뜨리려고 기회를 노리고 있습니다. 작은 일 하나만 일어나도 사탄은 그 기회를 놓치지 않습니다. 교회 안에 무리가 지어지고 서로 수군거리기 시작합니다. 직접 말도 안 하고 서로 모여서 수군거리기만 하니 교회 안에 분열이 생기고 마음이 나누어지고 하나님이 주신 비전을 향해 달려 나갈 수가 없습니다.

보통 이런 경우에는 하나님이 교회를 향해 주신 꿈과 비전보다는 교회 안에 생긴 문제에 집중하게 됩니다. 그러다 보니 문제를 해결하는 데 급급하여 하나님이 주신 비전은 결국 우선순위에서 밀리고 맙니다. 이것이 바로 사탄의 계략인 것입니다. 마찬가지로 우리가 살아가는 동안 문제를 만날 때, 그것이 어떤 문제든 그 문제에만 우리의 시선이 머물게 되면 절망하게 되는 것입니다.

열차가 기찻길로 달리고 있습니다. 그런데 바로 옆 도로에 웬 자동

차가 서서 경적을 시끄럽게 울려댑니다. 그런다고 달리던 열차가 멈추겠습니까? 그렇지 않지요. 기차는 목적지를 향해 쉬지 않고 달려갑니다. 옆에서 어떤 차가 서서 시끄럽게 경적을 울리던 상관하지 않습니다. 마찬가지로 우리는 하나님이 허락하신 믿음의 선로를 달리는 사람들입니다. 그러니 어떤 어려움이나 악한 세력이 우리를 멈추게 하려고 할지라도 우리는 하나님이 원하시는 길을 멈추지 말고 달리는 비전과 믿음의 사람이 되어야 합니다.

문제보다 높으신 하나님을 기억하라

지금 이스라엘 군사들의 진짜 문제는 하나님은 안 보이고 골리앗만 보인다는 데 있습니다. 골리앗은 지금 그들 눈앞에 닥친 현실의 문제입니다. 골리앗은 자신들의 능력에 비해 너무 크고 두려운 존재입니다. 반면에 하나님에 대한 믿음을 잃어버린 그들에게 지금 하나님은 눈에 보이지 않는 존재, 내 문제를 해결해줄 수 없는 존재일 뿐입니다.

믿음의 눈으로 하나님을 바라보면 어쩌면 골리앗은 별 것 아닐 수도 있습니다. 그러나 믿음을 잃어버리고 골리앗만 바라보기 때문에 하나님의 능력은 전혀 보이지 않고 골리앗이라는 문제만 커 보이는 것입니다. 우리도 살아 계신 하나님에 대한 믿음이 충만할 때는 어떤 문제가 닥쳐와도 의연하게 대처하고 이겨냅니다. 그러나 믿음을 놓치고 나면 문제 앞에 압도당하여 어쩔 줄 몰라 헤매게 됩니다.

지금 믿음이 충만하다고 해서 내일도 그 믿음이 충만하리라고 장담

할 수 없습니다. 어느 순간 믿음을 잃고 흔들릴지 모르는 것이 우리 연약한 인간입니다. 그러니 우리 앞에 다가오는 문제의 골리앗에 우리의 생각을 빼앗기지 않도록 조심해야 합니다. 문제에만 집중하지 말아야 합니다. 그러기 위해서는 우리 인생에는 언제나 문제가 있다는 사실을 인정해야 합니다. 우리가 사는 동안 문제가 없는 때가 언제 있겠습니까? 릭 워렌 목사님은 이런 말을 했습니다.

"이 세상은 무너지고 잘못되었기 때문에 항상 죄악된 것이 함께한다."

그렇기 때문에 우리의 인생은 문제의 연속일 수 있습니다. 그러나 이때 중요한 것은 문제인 골리앗만 바라보지 않는 것입니다. 우리는 골리앗이 딛고 서 있는 땅을 지으신 하나님, 골리앗의 머리 위에 하늘을 펼치신 하나님을 기억해야 합니다.

답은 하나다

온 이스라엘 군대가 두려움에 떨며 절망하고 있을 때, 우리의 주인공 다윗은 어떻게 반응합니까? 그는 군사로 뽑힐 수도 없었던 어린 목동이었습니다. 그러나 그는 하나님을 믿지 않는 이교도 거인 골리앗의 거친 말과 행동에 두려워하기는커녕 거룩한 의분을 품었습니다. 모두가 두려워 떨 때, 두려워하지 않는 한 사람이 바로 다윗이었습니다.

어린 다윗이 이토록 담대할 수 있었던 데는 이유가 있었습니다. 그가 베들레헴 언덕에서 수없이 하나님을 경험했기 때문입니다. 다윗은 목동으로서 양들을 돌보면서 수많은 맹수들과 싸웠습니다. 그 맹수들과 싸울 때 자신을 지켜주시는 하나님을 경험했습니다. 그래서 하나님의 보호하심을 확신했던 다윗의 입장에서는 맹수와 싸우는 것이나 골리앗과 싸우는 것이 다 똑같았던 것입니다.

우리가 인생에서 만나는 문제들에 대한 우리의 답도 마찬가지입니다. 우리가 겪는 문제는 저마다 다릅니다. 건강, 돈, 친구, 직장, 가족 문제 등 수많은 문제들을 각자가 겪고 있습니다. 그러나 답은 하나입니다. 바로 예수 그리스도이십니다. 모든 문제의 답이 예수 그리스도 그분 안에 있습니다.

그렇다면 우리가 문제를 만날 때 어떻게 하면 절망하거나 믿음을 잃어버리지 않고 우리의 유일한 정답이신 예수 그리스도를 바라볼 수 있을까요? 건강할 때 질병에 대해 예방하는 것이 중요한 것처럼 영적 절망에 패배하기 전에 예방하는 것이 중요합니다. 두려운 적을 만난 다윗이 어떻게 승리할 수 있었는지, 그를 통해 영적 절망을 예방하고 대비할 수 있는 승리의 공식을 살펴봅시다.

승리의 공식 1, 승리의 감각을 익혀라

영적 절망을 예방할 수 있는 첫 번째 승리의 공식은 평상시에 승리의 감각을 부지런히 익히는 것입니다.

다윗에게는 승리의 감각이 있었습니다. 다시 말해서, 다윗에게는 일상 중에 얻은 승리의 체험이 있었습니다. 일상에서 겪는 작은 승리의 경험들을 업신여겨서는 절대 안 됩니다. 잠들기 전에 "내일은 새벽예배에 꼭 나가야지" 하고 결단했는데, 다음 날 정말로 일찍 일어나 새벽예배에 참석했습니까? 굉장한 승리입니다. "기도해야지, 전도해야지" 하고 결단했는데, 그 결단을 실천하게 되었습니까? 그 역시 큰 승리입니다.

이런 작은 승리의 경험들을 계속 체험해나가야 합니다. 우리가 일상에서 체험할 수 있는 작은 승리의 경험들을 늘려간다면 자신도 모르는 사이에 승리의 감각이 생깁니다. 뿐만 아니라 하나님에 대한 신뢰가 생기며 "나는 승리의 사람"이라는 확신이 생깁니다. 하나님에 대한 신뢰가 생기면 그 후에 어떤 큰 문제가 닥치더라도 능히 감당할 수 있습니다. 문제는 달라도 답은 하나이기 때문입니다.

그러니 작은 영적 승리를 위한 영적 도전들을 계속해나가십시오. 처음부터 무리하게 도전하면 쉽게 지쳐 포기하게 됩니다. 만약 기도하기로 작정했다면 처음부터 "매일 한 시간씩 기도하겠다"는 목표를 정하지 말고, "단 10분이라도 매일 기도하겠다"는 목표를 세우는 것이 더 쉽습니다. 한참 기도한 것 같은데 눈을 떠 보니 10분밖에 안 지났습니다. 실패입니까? 아닙니다. 기도했다는 것 자체가 승리의 경험입니다. 그렇게 매일 기도하다 보면 절로 20분, 30분, 기도 시간도 늘고 더 깊은 기도로 나아가게 됩니다. 전도도 마찬가지입니다. 처음부터 100명 전도하겠다고 작정하고 달려들면 포기도 쉽게 됩니다. 한 명부터 하면 됩니다. 100명도 한 명부터 시작하는 것입니다.

주의 종이 사자와 곰도 쳤은즉 살아 계시는 하나님의 군대를 모욕한 이 할례 받지 않은 블레셋 사람이리이까 그가 그 짐승의 하나와 같이 되리이다 삼상 17:36

다윗에게는 사자와 곰의 발톱으로부터 하나님을 의지하여 승리한 체험이 있었습니다. 이런 체험이 골리앗 앞에서 두려워하지 않는 다윗을 만든 것입니다. 그 하나님에 대한 굳은 확신이 "도대체 골리앗이 누구이기에 하나님의 군대를 모욕하는가?"라고 당당하게 외칠 수 있는 원동력이 되었습니다. 우리도 매일의 삶 속에서 하나님의 능력을 체험하는 영적 승리의 경험을 쌓아가야 합니다. 그래서 승리의 감각을 익혀야 하는 것입니다. 그러면 어떤 문제가 다가오더라도 하나님에 대한 흔들리지 않는 확신 가운데서 당당하게 맞설 수 있게 될 것입니다.

승리의 공식 2, 승리는 반복된다

승리는 반복됩니다. 다윗은 목동으로 사는 동안 하나님이 주신 크고 작은 승리들을 거듭 경험했고, 또한 그 승리가 하나님께서 주신 것임을 알았습니다. 그래서 곰과 사자로부터 하나님이 허락하신 승리가 골리앗 앞에서도 동일하게 반복될 것을 신뢰한 것이지요.

또 다윗이 이르되 여호와께서 나를 사자의 발톱과 곰의 발톱에서 건져내셨은즉 나를 이 블레셋 사람의 손에서도 건져내시리이다 사울이 다윗에게 이르되 가라 여호와께서 너와 함께 계시기를 원하노라 삼상 17:37

내 힘으로 이뤄낸 승리라면 내 능력보다 센 상대를 만났을 때 그 승리는 위기를 겪습니다. 그러나 그리스도인의 승리는 하나님이 주신 승리입니다. 믿음으로 사는 자에게 주시는 하나님의 은혜인 것이지요. 따라서 믿음 안에 거하는 자에게 승리는 대적의 능력이나 힘과 상관없이 하나님의 은혜로 반복되는 것입니다.

하지만 여기서 꼭 기억해야 할 것이 하나 있습니다. 승리가 반복되는 것처럼 불신앙도 반복된다는 사실입니다. 사울은 다윗의 고백을 통해 하나님의 능력에 대해 들었음에도 불구하고 깨닫지 못했습니다. 사실 이 전쟁에서 누구보다 앞장서서 골리앗과 싸워야 할 사람이 누구입니까? 바로 사울 아닙니까? 상식적으로 생각해보아도 다윗과는 비교도 안 될 정도로 훨씬 더 많은 전쟁과 전투의 기술을 가지고 있었던 사울이었습니다. 게다가 그는 이스라엘의 왕이었습니다. 그런데도 사울은 선뜻 나가지 못합니다. 하나님의 능력에 대한 고백을 들었음에도 마찬가지입니다. 여전히 눈앞의 골리앗만 보였기 때문입니다.

다윗은 군인도 아니었고 전투에 대한 경험도 전혀 없었지만, 골리앗을 향해 달려 나갔습니다. 그 차이는 다른 것이 아닙니다. 사울은 반복되는 불신앙으로 하나님이 그에게 주셨던 수많은 승리의 체험들을 기억 저편으로 놓치고 말았지만, 다윗은 목동으로서 경험했던 하나님의 능력이 전쟁터에서도 동일하게 반복될 것을 믿었기 때문입니다. 다윗에게는 승리를 허락하셨던 하나님에 대한 흔들리지 않는 믿음이 있었습니다.

따라서 우리는 사울과 같이 불신앙이 반복되는 삶을 살지 않도록 날마다 회개하며 하나님을 향한 선한 영적 도전을 이어가야 합니다. 우리는 말세(末世)를 사는 사람들입니다. 이 마지막 때에 하나님이 사용하시는 하나님의 사람, 하나님의 에이스는 깨어 있는 사람입니다. 하나님은 마지막 때에 깨어 있는 교회를 사용하기 원하십니다.

앞서 이야기한 것처럼, 악(惡)은 생각에서 시작되고, 그 생각은 말로 이어져 행동으로 드러납니다. 그리고 그 악행은 반복됩니다. 악순환인 것이지요. 마찬가지로 선(善)도 생각에서부터 시작되며, 그 생각은 말로 이어지고 선행으로 드러납니다. 그리고 그 선행이 반복되어 승리가 되는 것입니다. 그러므로 우리는 깨어 있어 이 시대의 사울로 사는 것이 아니라 수많은 사울들을 향해 하나님의 능력을 증거하는 다윗으로 살아야 할 것입니다.

승리의 공식 3, 자신의 강점으로 싸워라

사울은 골리앗과 싸우겠다는 다윗의 청을 못 이기는 척 허락합니다. 그래도 양심에 가책은 있었는지, 자신이 입고 있던 군복을 입히고 놋 투구를 씌우고 갑옷도 입혔습니다(삼상 17:38 참조). 그러나 다윗에게는 군복도, 갑옷도, 투구도 다 거추장스러울 뿐이었습니다. 그래서 다윗은 사울 왕 앞에서 용기를 내어 말합니다.

"왕이시여 저는 도저히 이 옷을 입고 갈 수가 없습니다. 익숙하지 않고 거추장스러워서 몸을 움직일 수가 없습니다."

한낱 목동이 왕 앞에서 쉽게 할 수 있는 말은 아니었습니다. 아무리 자기에게 불편해도 어느 누가 감히 왕이 하사한 것들을 거절할 수 있단 말입니까? 우리는 대개 자신보다 높은 권력이나 능력이 있는 사람이 말하면 무턱대고 그대로 수용하는 경향이 있습니다. 때로는 그것이 진리를 벗어났는데도 가만히 있습니다. 하지만 하나님만을 생각했던 다윗은 왕 앞에서도 자신의 의견을 담대하게 이야기합니다. 그리고 자기에게 거추장스러운 갑옷과 놋 투구를 내려놓고 자신에게 익숙하고 자신이 잘 다룰 수 있는 것으로 승부를 겁니다.

하나님은 모든 사람에게 각기 다른 은사와 강점을 주셨습니다. 다윗은 자신의 강점을 통해 승부를 걸었던 것입니다. 우리는 곧잘 다른 사람의 은사와 나의 은사를 비교하며 부러워합니다. 더욱이 그 비교의 기준은 지극히 세상적일 때가 많습니다. 사울이 내린 갑옷과 무기는 전투에 있어서 꼭 필요한 필수 장비입니다. 이것이 세상의 기준이고, 또 상식적인 생각입니다. 통계적으로도 좋은 갑옷을 입고 좋은 무기를 들고 싸울 때 승률이 더 높은 것이 사실이지요.

그러나 하나님의 방식은 통계를 벗어납니다. 세상의 기준을 뛰어넘습니다. 이것을 인정하는 것이 믿음입니다. 그러니 타인의 은사나 재

능을 부러워하거나 내게 없는 은사를 고집하여 승부하지 않기를 바랍니다. 우리는 개개인 모두가 하나님 보시기에 가장 좋은 작품입니다. 우리 개개인에게 주신 각양의 은사가 다 하나님이 주신 가장 좋은 선물입니다.

승리의 공식 4, 승리는 무릎에서 시작된다

골리앗과 싸우는 것을 허락받은 다윗은 갑옷과 놋 투구와 칼 대신 막대기를 들고 시냇가로 나갑니다. 그리고 무릎을 꿇고 매끄러운 돌 다섯 개를 주웠습니다.

> 손에 막대기를 가지고 시내에서 매끄러운 돌 다섯을 골라서 자기 목자의 제구 곧 주머니에 넣고 손에 물매를 가지고 블레셋 사람에게로 나아가니라 삼상 17:40

사실 성경 본문에는 다윗이 다섯 개의 돌을 주울 때 시냇가에서 무릎을 꿇었다는 기록은 없습니다. 하지만 제가 추측해보건대 다윗은 분명히 돌을 하나하나 집어 올리면서 무릎 꿇고 하나님께 기도했을 것입니다.

"하나님, 제가 하나님의 이름으로 나아갑니다. 도와주십시오!"

전장(戰場)에서 무릎을 꿇는 것은 대단히 위험한 행동입니다. 언제 어디에서 적이 달려들지 모르는 상황에서 무릎을 꿇었다는 것은 죽음을 각오한 행동이며, 세상적인 눈으로 보자면 지극히 미련한 행동입니다. 가장 약한 시간이라고 할 수 있지요. 하지만 영적으로 보면 가장 강한 시간입니다. 하나님이 원하시는 것이 바로 이 세상이 보기엔 가장 약한 무릎 꿇는 시간입니다. 하나님은 우리가 무릎으로 나아오기를 바라십니다. 세상의 눈으로 보기엔 죽을 수도 있는 그 시간에 하나님이 일하십니다!

승리는 무릎에서 시작됩니다. 쉽게 말해서 '승리 = 무릎'입니다. 삶에 닥친 문제를 해결하기 위한 다른 방법은 없습니다. 모든 문제의 답은 딱 하나, 바로 무릎 꿇고 예수 그리스도를 의지하는 것뿐입니다. 이것이 영적인 권세이며 영적인 능력입니다. 이 권세는 목회자를 비롯한 어떤 특정한 사람에게만 주어진 것이 아닙니다. 하나님의 자녀인 우리 모두에게 주어진 것입니다. 그러므로 우리는 이 권세를 붙잡고 하나님께 간절히 무릎으로 나아가 기도해야 합니다.

"하나님, 영적인 시험에 들지 않게 하옵소서. 영적인 교만에 빠지지 않게 하옵소서. 영적 승리의 감각을 익히게 해주시옵소서!"

이 기도가 우리 삶에서 이루어진다면 우리에게 더 이상의 절망은 없을 것입니다. 아무리 어렵고 힘든 일을 만나도, 아무리 마음 상하는 일이 있더라도 하나님께서 무릎 꿇는 자에게 새 힘과 새로운 환경을 허락하실 것이기 때문입니다.

성도는 기도하고 난 후에 염려하지 말아야 합니다. 기도는 우리가 하지만, 일하시는 분은 하나님이십니다. 하나님은 하나님의 방식으로 우리를 도우십니다. 많은 사람들이 하나님의 기도 응답에는 "Yes"(좋아)와 "No"(안 돼)와 "Not yet"(아직 안 돼)이 있다는 사실을 알고 있습니다. 그럼에도 불구하고 많은 사람들이 "Yes"만을 구합니다. 하지만 하나님께서는 자녀들을 위해 때때로 "No"와 "Not yet"으로 응답하신다는 사실을 꼭 기억해야 합니다.

부모 입장에서 어린 자녀의 요구에 어떻게 대응하는지 생각해보면 훨씬 이해가 쉽습니다. 어린 자녀가 엄마 아빠에게 해달라고 조르는 것을 보면 들어주면 안 되는 것들이 훨씬 많습니다. 만일 자녀가 해달라는 대로 부모가 다 해주었다면, 그 아이는 인격에 문제가 있는 아이로 자라거나 아니면 건강이나 생명을 해치는 결과를 초래할 수도 있습니다. 그러니 우리는 우리의 아버지 되시는 하나님의 선하심을 믿고 끊임없이 기도해야 합니다.

세상은 기도하는 사람을 비웃을 것입니다. 골리앗이 다윗을 비웃으며 저주했던 것처럼 말입니다.

> 블레셋 사람이 다윗에게 이르되 네가 나를 개로 여기고 막대기를 가지고 내게 나아왔느냐 하고 그의 신들의 이름으로 다윗을 저주하고 삼상 17:43

세상은 기도하는 것을 인정하지 않습니다. 오히려 '바보 같다', '무기력하다'라고 말하며 무시할지도 모릅니다. 어떤 사람은 "그 시간에 일을 더 할 것이지"라고 말하며 성실하지 않다고 비난할지도 모릅니다. 앞에서 살펴본 것처럼 무릎 꿇는 시간은 세상의 눈으로 보면 가장 약한 시간이며, 가장 무력한 순간입니다. 그러나 다윗처럼 모든 비웃음과 비난을 감내하고 믿음으로 무릎 꿇을 때, 그때 하나님이 역사하십니다.

하나님은 우리의 눈물과 열정이 담긴 무릎을 사용하십니다. 이 시대에 부흥을 허락하기 원하시는 하나님이 우리에게 바라고 계신 것도 바로 그 무릎입니다. 지금 이 시대는 하나님이 허락하시는 진정한 부흥이 필요한 때입니다. 그러나 부흥이 있기 위해서는 먼저 간절한 마음으로 무릎 꿇는 우리의 열정이 필요합니다. 하나님이 우리의 그 열정을 사용하셔서 이 시대에 진정한 부흥을 허락해주시기를 간절히 바랍니다.

승리의 공식 5, 승리는 하나님께 속한 것이다

다섯 번째 승리의 공식은 '승리는 하나님께 속한 것'임을 아는 것입니다. 다윗은 모든 전쟁이 하나님께 속해 있음을 알았습니다. 그 믿음이 다윗에게 골리앗과 당당히 맞설 수 있는 용기를 주었지요. 사무엘상 17장 47절 말씀입니다.

> 또 여호와의 구원하심이 칼과 창에 있지 아니함을 이 무리에게 알게 하리라 전쟁은 여호와께 속한 것인즉 그가 너희를 우리 손

에 넘기시리라 삼상 17:47

우리가 문제를 만났을 때 싸워야 할 진정한 대상은 눈앞에 보이는 문제 그 자체가 아닙니다. 문제가 만들어낸 절망감도 아닙니다. 우리가 싸워야 할 진정한 대상은 바로 우리의 불신앙입니다. 나의 의심과 악행이 진짜 우리의 싸움의 대상인 것입니다. 죄의 습관에서 벗어나십시오. 교만에서 벗어나십시오. 하나님 앞에 악한 생각은 다 버리고 온전한 생각으로 채워달라고 기도해야 합니다.

승리는 하나님께 속한 것임을 안다면, 우리는 더 이상 문제에만 집중하지 않을 수 있습니다. 아무리 커다란 문제를 만나더라도, 심지어 그 누구도 나를 도와줄 수 없을 것 같은 사망의 음침한 골짜기를 지나는 중이라 하더라도 절망하지 않을 수 있습니다. 승리가 하나님께 속한 것인 이상, 하나님께서 해결하지 못할 것은 없기 때문입니다. 이것을 아는 것이 진짜 능력입니다.

승리의 공식 6, 넉넉히 이긴다

마지막으로 살펴볼 승리의 공식은 '넉넉히 이긴다'는 사실입니다. 본문 말씀을 통해 다윗이 골리앗과 어떻게 싸워 이겼는지 봅시다.

블레셋 사람이 일어나 다윗에게로 마주 가까이 올 때에 다윗이
블레셋 사람을 향하여 빨리 달리며 손을 주머니에 넣어 돌을 가

지고 물매로 던져 블레셋 사람의 이마를 치매 돌이 그의 이마에 박히니 땅에 엎드러지니라 삼상 17:48,49

다윗은 골리앗과 오랜 시간 싸운 끝에 겨우 이긴 것이 아닙니다. 골리앗은 심지어 자기 칼집에서 칼을 뽑아보기도 전에 다윗의 물매 돌에 엎드러졌습니다. 그래서 저는 가끔씩 다윗과 골리앗 이야기를 영화로 만들면 스릴도 없고 재미도 없는 영화가 될 것 같다는 생각을 합니다. 왜 그렇습니까? 한번 생각해보십시오. 다윗과 골리앗이 전투를 벌이는 이 장면이 영화의 클라이맥스가 될 텐데, 싸움을 시작하자마자 금방 끝나고 마니 말입니다. 다윗과 골리앗의 전투 신을 찍기 위해 감독이 "레디, 액션!" 하고 외치자마자 벌써 골리앗은 쓰러지고 다윗이 승리하는 것이지요. 그러면 클라이맥스가 너무 허무할 것 같지 않습니까?

제가 오래 전에 아주 재미있게 본 영화 중의 하나가 〈록키〉라는 영화입니다. 영화배우 실베스터 스탤론이 권투 선수 록키 발보아로 나오는데, 아주 재미있고 잘 만든 영화입니다. 지금까지 모두 여섯 편이 제작되었는데, 이야기의 진행은 1편부터 6편까지 모두 비슷합니다. 권투 경기가 시작되면 일단 주인공 록키가 두들겨 맞습니다. 그럴 리가 없다는 사실을 알면서도, '저러다 주인공이 쓰러져서 못 일어나면 어쩌나' 싶은 생각까지 들 정도입니다. 결국 주인공이 쓰러지고 맙니다. 그러면 심판이 등장해 슬로 모션(slow motion)으로 카운트를 셉니다.

"원, 투, 쓰리…."

관중들은 모두 안쓰러운 눈으로 쳐다봅니다. 상대편 선수는 의기양양하게 승리를 확신하며 링을 돌고 있습니다. 더 이상 록키는 일어날 수 없을 것 같습니다. 그때 갑자기 비장한 분위기의 영화 주제곡이 흐르면서 쓰러져 있던 록키가 눈을 뜹니다. 그 다음 이야기는 더 이상 말하지 않아도 아실 것입니다. 주인공 록키는 퉁퉁 부은 얼굴로 결국 승리합니다.

만약 다윗과 골리앗 이야기를 〈록키〉 같은 영화로 만들려면 시나리오를 좀 각색해야 할 것 같습니다. 다윗이 첫 번째 돌멩이를 던집니다. 그러면 골리앗이 마치 〈매트릭스〉의 한 장면같이 피합니다. 그리고 다윗을 한 대 때립니다. 다윗은 충격을 받지만 곧 정신을 바짝 차리고 그 사이에 세 개의 돌멩이를 더 던집니다. 하지만 골리앗은 그마저도 피하고 말죠. 다윗의 상처에서는 피가 흐르고 있고, 맞아서 부은 눈 사이로 저 멀리 골리앗이 희미하게 보입니다. 이제 다윗에게 남은 돌멩이는 하나뿐입니다. 그리고 슬로 모션으로 장면이 이어집니다. 어쩌면 〈록키〉의 주제음악 같은 비장한 음악이 흐를지도 모르겠습니다. 기력이 다해가는 다윗은 짧게 기도한 후, 온 힘을 다해 마지막 하나 남은 돌멩이를 던집니다. 승리를 확신하고 있던 골리앗은 갑자기 날아오는 마지막 돌멩이를 미처 피하지 못하고 이마에 맞고 쓰러지고 맙니다. 어떻습니까? 이러면 좀 흥미진진한 싸움이 될 것 같지 않나요?

하지만 성경이 기록하는 다윗과 골리앗의 진짜 싸움은 그렇지 않습니다. 세상에서 흔히 말하는 재미있는 이야기가 아닙니다. 왜냐하면 하나님은 고비를 넘기다가 패배 직전에 겨우겨우 이기시는 분이 아니라 넉넉히 이기시는 분이기 때문입니다. 골리앗은 자기 칼과 창을 믿고 다윗을 향해 달려왔지만, 제대로 칼 한 번 빼보지 못하고 자기가 믿던 그 칼에 목을 베이고 말았습니다. 골리앗이 아무리 강하다 한들, 하나님 앞에서는 상대가 되지 않습니다.

하나님의 사람으로 서라

이렇듯 언제나 넉넉히 이기시는 하나님의 자녀로 택함을 받았음에도 불구하고 그리스도인들 역시 삶의 고난을 만날 때 그 문제에만 시선을 빼앗길 때가 있습니다. 그럴 때면 "하나님, 왜 저에게 이런 일이 일어납니까? 왜 저만 이렇게 절망적인 삶을 살아야 합니까?"라고 따지기도 합니다. 그러나 문제는 우리에게 있지, 하나님께는 전혀 문제가 없습니다. 하나님은 여전히 넉넉히 이기시는 분이십니다.

다만 우리의 생각을 눈앞에 닥친 문제에 빼앗기고 말았기 때문에 넉넉히 이기시는 하나님을 바라보지 못하는 것입니다. 이것은 불신앙입니다. 우리의 불신앙 때문에 하나님을 바라보지 못하는 것입니다. 하나님을 신뢰하십시오. 하나님이 우리 삶에 어려움을 허락하셨다면, 그것은 하나님의 능력과 기적을 체험하여 승리의 공식을 아는 하나님의 사람으로 세우기 위함입니다.

이 세상 어디에도 패배자로 살고 싶은 사람은 없을 것입니다. 더욱

이 하나님의 택함을 받은 우리는 결코 패배자가 되어서는 안 됩니다. 우리는 나를 위해 피 흘려 돌아가시고 사흘 만에 다시 살아나신 예수 그리스도를 믿는 하나님의 자녀들입니다. 모든 이름 위에 뛰어나신 예수 그리스도께서 우리를 골리앗이 점령한 절망의 골짜기에서 승리의 공식으로 이끌어주실 것을 믿는 사람들입니다. 하나님께서 그 믿음의 사람을 찾고 계십니다. 하나님은 능력이 많거나 부유한 사람을 찾지 않으십니다. 그분은 결코 세상에서 인정받을 만한 조건을 갖춘 사람을 찾는 분이 아니십니다. 하나님은 베들레헴 들판에서 양떼를 돌보며 살아 계신 하나님을 체험했던 한 소년을 택하셨던 것처럼, 하나님 앞에 온전히 서 있는 한 사람, 하나님의 마음에 맞는 한 사람을 찾고 계십니다.

하나님 앞에 무릎을 꿇으십시오. 어느 때보다 어려운 이 시대에 하나님이 찾으시는 그 한 사람이 되기 위해 하나님 앞에 무릎으로 나아가 기도해야 합니다. 지금은 기도가 필요한 시대입니다. 우리 앞에 닥친 어려움은 진짜 문제가 아닙니다. 진짜 문제는 우리의 불신앙입니다. 하나님을 향한 우리의 태도가 진짜 문제입니다. 그러니 하나님께 나아가 믿음을 구해야 합니다.

"하나님, 나에게 믿음을 주십시오. 나에게 강한 무릎을 주십시오. 마지막 때에 하나님 앞에 쓰임 받는 하나님의 사람이 되게 하여주옵소서! 문제는 많지만 해답은 하나임을 알게 하여주옵소서!"

02

하나님의 에이스로 사는 법

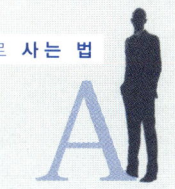

문제보다 더 크신 하나님을
믿음의 눈으로 바라보라

01 하나님이 가르쳐주신 승리의 공식을 익혀라

하나님의 사람들에게는 절망에서 이길 수 있는 특별한 비책이 있습니다. 하나님은 다윗과 골리앗의 싸움을 통해 우리에게 놀라운 승리의 공식을 알려주고 계십니다. 우리가 인생에서 만나는 문제들은 저마다 다르지만 답은 하나입니다. 바로 예수 그리스도입니다. 모든 문제의 답이 예수 그리스도 그분 안에 있습니다. 이것을 기억하고 하나님이 가르쳐주신 승리의 공식을 기억한다면 우리는 늘 승리하는 사람이 될 수 있습니다.

02 두려움에 빠지는 이유

온 이스라엘 군사들이 골리앗 한 명 앞에서 그토록 두려워 떨었던 이유는, '골리앗'이라는 문제 앞에 그들의 시선이 고정되어 있었기 때문입니다. 다시 말하면, 눈앞의 문제에 그들의 모든 생각을 빼앗긴 것입니다. 믿음을 잃어버린 것입니다. 문제가 아니라 문제보다 크신 하나님을 바라볼 때 어떤 문제가 닥쳐와도 의연하게 대처하고 이겨낼 수 있습니다.

03 무릎으로 승리하라

전장(戰場)에서 무릎을 꿇는 것은 대단히 위험한 행동입니다. 세상적인 눈으로 보자면 지극히 미련한 행동이며, 가장 약한 시간이라고 할 수 있지요. 하지만 영적으로 보면 가장 강한 시간입니다. 하나님이 원하시는 것이 바로 세상이 보기엔 가장 약한 무릎 꿇는 시간이기 때문입니다. 가장 약한 그 시간에 하나님이 일하십니다! 삶에 닥친 문제를 해결하기 위한 다른 방법은 없습니다. 모든 문제의 답은 딱 하나, 바로 무릎 꿇고 예수 그리스도를 의지하는 것뿐입니다.

CHAPTER 03

실패를 성공으로 바꾸는 비결
실패의 자리에서 성공자로 반응하라

그날에 다윗이 사울을 두려워하여 일어나 도망하여 가드 왕 아기스에게로 가니 아기스의 신하들이 아기스에게 말하되 이는 그 땅의 왕 다윗이 아니니이까 무리가 춤추며 이 사람의 일을 노래하여 이르되 사울이 죽인 자는 천천이요 다윗은 만만이로다 하지 아니하였나이까 한지라 다윗이 이 말을 그의 마음에 두고 가드 왕 아기스를 심히 두려워하여 그들 앞에서 그의 행동을 변하여 미친 체하고 대문짝에 그적거리며 침을 수염에 흘리매 아기스가 그의 신하에게 이르되 너희도 보거니와 이 사람이 미치광이로다 어찌하여 그를 내게로 데려왔느냐 내게 미치광이가 부족하여서 너희가 이 자를 데려다가 내 앞에서 미친 짓을 하게 하느냐 이 자가 어찌 내 집에 들어오겠느냐 하니라

삼상 21:10-15

하나님의 에이스

실패의 자리는 누구도 피할 수 없다

이 세상의 누구도 성공만 하며 살 수는 없습니다. 이는 놀라운 승리의 역사를 체험하며 승리의 공식을 배웠던 다윗도 마찬가지입니다. 성경을 읽어 보면, 다윗이 항상 승리만 하는 백전백승의 전사가 아니라 누구보다 지독하고 고통스러운 실패의 자리를 경험했던 사람임을 알 수 있습니다. 그리스도인들 중 누구라도 영적으로 항상 승리의 자리에만 머물 수 없는 것이 현실이지요. 모든 사람이 연승을 거듭하며 늘 승리의 기쁨 속에서 살아가고자 하지만 너무 약해서 곧잘 쓰러지고 넘어지는 것이 인간이기 때문입니다.

당신의 영적 상태는 요즘 어떻습니까? 좋아지고 있다고 생각합니까? 이 정도면 괜찮은 것 같습니까? 그런 마음이 들 때 깨어 있어야 합니다. '신앙생활 하려면 나 정도는 해야지!' 하는 교만한 마음이 들 때 사탄이 그 틈을 비집고 들어오기 때문입니다. 하나님께서는 때로 우리의 잘못을 돌이키게 하기 위해서, 또 때로는 우리의 실수나 죄와 상관없이 그분의 선하신 뜻을 따라서 우리 삶에 고난과 고통을 허락하십니다. 그 고난의 시간을 통해서 살아 계신 하나님의 초자연적인 역사를 경험하기를 원하시는 것입니다. 따라서 우리는 실패의 자리에 섰을 때 눈앞의 어려움에만 집중할 것이 아니라 우리를 향하신 하나님의 뜻에 민감하게 반응해야 하는 것입니다.

본문 말씀인 사무엘상 21장에서 다윗은 어떤 어려움에 빠져 있습니까? 그가 처한 상황을 살펴봅시다. 그는 지금 미친 척해야만 목숨을 부지할 수 있는 위기에 처해 있습니다. 이스라엘의 왕이자 그의 장인이기도 한 사울이 자신의 목숨을 걸고 그를 죽이겠다고 혈안이 되어서 찾아다니고 있습니다. 사울을 피해 도망친 블레셋도 안전한 곳은 아닙니다. 사면초가의 상황입니다.

도대체 다윗이 사울에게 무슨 잘못을 저질렀기에 사울이 이토록 지독하게 그를 쫓고 있는 것일까요? 제가 성경을 아무리 샅샅이 찾아보아도 다윗이 사울에게 잘못한 일을 찾을 수가 없었습니다. 다윗은 그저 자기에게 맡겨진 일을 하고 있었을 뿐입니다. 그런데 어느 날 갑자기 사무엘이 찾아와 자신의 의지와 상관없이 그에게 기름을 부었습니다. 다윗이 기름부음을 받기 전이나 후에 왕이 되게 해달라고 기도한 적이 있습니까? 그는 왕이 되겠다는 야망을 가진 적이 없습니다. 적군의 장수 골리앗을 죽일 때에도 오직 하나님을 경외하는 마음으로 싸움터에 나갔을 뿐입니다. 사울은 위기에 빠진 이스라엘을 구해낸 다윗에게 마땅히 포상을 해야 옳습니다. 그러나 현실에서 다윗은 수년 동안 사울을 피해 광야를 헤매며 도망 다녀야 했습니다.

사울의 끈질긴 추격에 지친 다윗은 사울이 쫓아올 수 없는 블레셋으로 도망갑니다. 블레셋이 어떤 곳입니까? 다윗이 죽인 골리앗의 고향이자 이스라엘의 적국입니다. 다윗이 골리앗의 칼을 들고 골리앗의 고향인 블레셋으로 갔는데 그가 무사할 수 있겠습니까? 블레셋의 신하들이 다윗을 알아보고 블레셋 왕에게 그가 바로 골리앗을 죽인 자라는 사실을 고합니다. 정체가 탄로 나 붙잡힐 위기에 처한 다윗은 어떻게 합니까? 블레셋 왕을 두려워한 나머지 수염에 침을 흘리며 미친 사람인 척하는 지경에 이릅니다.

지독한 원수가 우리에게도 있다

당신은 미칠 만큼 힘들어본 적이 있습니까? "너무 힘들어서 미칠 것 같아요. 제정신으로는 이 어려움을 견딜 수 없어요"라는 탄식이 절로 나올 만큼 힘들었던 적이 있습니까? 모든 사람이 피해 가고 싶은 순간이지만, 우리는 종종 그런 때를 만나곤 합니다. 그럴 때 우리는 정말 가슴 아프고 고통스러운 바닥의 시간을 지납니다. 다윗만 그 극한의 고통스러운 순간을 경험한 것이 아니라 현재를 살고 있는 우리에게도 죽음과 같은 시간은 찾아옵니다.

사울이 죽을힘을 다해 다윗을 공격했던 것처럼, 오늘 이 시간에도 사탄은 사력을 다해 하나님의 교회와 성도들을 공격합니다. 다윗에게만 '사울'이라는 원수가 있었던 것이 아니라 우리에게도 '사탄'이라는 지독한 원수가 있습니다. 우리의 원수 사탄은 우리를 죽이고 넘어뜨리고 망가뜨리는 데 사활을 걸었습니다. 그러니 우리가 어찌 평탄하게 살아갈 수 있겠습니까? 어찌 기도 안 하고, 예배 안 드리고 살 수 있겠습니까?

성도는 하나님 앞에 무릎 꿇지 않고 살아갈 수 없습니다. 승리의 비결은 '무릎 꿇는 것'에 있습니다. 무릎 꿇지 않고 기도하지 않는 성도의 인생은 죽은 인생과 마찬가지입니다. 하나님을 향한 진정한 회개가 없고 예배를 통한 소생됨이 없으면 우리 육체가 아무리 살아 움직인다 해도 우리의 인생은 이미 죽은 인생인 것입니다.

우리 인생을 궁지로 모는 하나님의 뜻

하나님은 가끔씩 성도들을 인생의 코너로 몰아넣으시는 것 같습니다. 원수의 지독한 공격이 계속되고 있을 때에도 마치 숨어서 아무런 도움도 안 주시는 것 같은 때가 있지요. 특별한 잘못을 하지 않았을 때에도 그렇게 하실 때가 있습니다.

다윗을 보십시오. 다윗이 얼마나 힘들면 블레셋으로 도망을 갔겠습니까? 이스라엘 전역 구석구석에서 자기 몸 숨길 데를 찾지 못해 적국으로 도망간 것입니다. 그 당시 그는 하나님 앞에 큰 죄를 지은 것이 없었습니다. 주님 앞에 늘 신실하기 위해 애썼던 때입니다. 그런 그에게 하나님은 왜 그토록 고통스러운 고난을 허락하셨을까요?

하나님이 우리에게 고난을 허락하시는 이유는, 그 고난을 통해 하나님의 사람으로 만드시기 위함입니다. 진실한 하나님의 사람이 되게 하기 위해 하나님께서 눈물을 머금고 성도들로 하여금 고난의 자리를 통과하게 하시는 것이지요. 고난의 자리에서 하나님을 찾게 하기 위해, 고난 중에라도 하나님이 우리와 함께하신다는 사실을 가르쳐주시기 위해 우리 삶에 고난을 허락하시는 것입니다.

하나님, 저 야쿠르트가 먹고 싶어요!

저는 가난한 목회자 가정에서 자랐습니다. 6학년 때까지 한국에서 살다가 미국으로 갔는데, 미국에 가기 몇 해 전에 아버지가 교회를 개척하셔서 목회를 시작했습니다. 아버지는 40평 정도 되는 장소를 빌려 예배당과 응접실을 꾸미고, 사택으로 사용할 수 있는 방 하나를 만드셨습니다. 평상시에도 저만의 공간은 꿈도 못 꾸었지만, 주일만 되면 저는 아예 갈 곳이 없어져버렸습니다. 저희가 지내는 방을 주일학교 예배당 겸 유모실로 사용했기 때문에 온통 아이들 차지였지요. 심지어 실내에 화장실도 없어서 빌딩에 있는 공동 화장실을 사용했습니다.

당시 우리 교회에서는 어른 예배보다 어린이 예배를 먼저 드렸습니다. 주일학교 예배는 9시, 어른 예배는 11시였지요. 그때 제가 주일이 되면 가장 기다리던 순간이 있었습니다. 바로 '간식 시간'입니다. 예배를 마치고 아이들이 집에 돌아갈 때면 항상 뭔가를 나눠주었는데, 대부분은 야쿠르트 한 개씩을 손에 쥐여주었지요. 간식 담당은 늘 우리 어머니였습니다. 저는 잽싸게 움직여 맨 첫 줄에 서곤 했지만, 어머니는 항상 저를 보고 "맨 뒤로 가라"고 말씀하셨습니다.

어린 마음에 어머니가 얼마나 야속하고 서운했는지 모릅니다. 그러면서 '진짜 우리 엄마 맞아? 나 같으면 아들 먼저 주겠는데…' 하는 불만이 쌓였지요. 저는 할 수 없이 동생을 데리고 맨 뒤로 가서 줄을 설 수밖에 없었습니다. 그때 제가 제일 속상했던 날은 주일에 사람이 많이 나온 날이었습니다. 그리고 가장 싫어했던 애들이 전도 많이 하는 아이들이었습니다. "목사 아들인 나도 안 하는데 네가 왜 하냐" 하며 가끔은 전도하지 말라고 위협도 했습니다. 그런 저의 노력에도 불구하고 1년 52주 가운데 50주 정도는 야쿠르트를 먹지 못했습니다.

제가 초등학교 5학년이 된 어느 주일이었습니다. 그날도 저는 야쿠르트를 받지 못했습니다. 계단을 터벅터벅 내려오면서 저는 이를 악물었습니다. 그날따라 얼마나 속이 상했는지 억울한 마음과 함께 눈물이 다 났기 때문입니다. 그래서 밖으로 나와 하늘을 향해 삿대질을 하며 하나님께 이렇게 외쳤습니다.

"하나님! 저 야쿠르트 700개 먹고 싶어요!"

하나님은 기억하고 계셨다!

시간이 흘렀습니다. 초등학교 6학년 때 가족과 함께 미국으로 갔고, 하나님을 향해 삿대질을 한 것도, 야쿠르트가 먹고 싶어서 눈물을 흘린 것도 다 잊고 살았습니다. 그렇게 살다가 하나님의 인도하심으로 2002년에 다시 한국에 돌아오게 되었습니다. 한국에 들어온 첫 해 어느 날, 운전을 하며 가고 있는데 제가 가장 존경하던 야쿠르트 아주머니가 길가에 서 계시는 것이 아닙니까? 야쿠르트 아주머니의 유니폼은 옛날과 다르지 않았습니다. 저는 차를 세우고 외쳤습니다.

"아주머니! 야쿠르트 좀 주세요!"

그렇게 먹고 싶던 야쿠르트를 당당히 달라고 말할 수 있는 그 상황이 얼마나 감격스럽고 은혜로웠는지 모릅니다. 저는 야쿠르트를 있는 대로 다 달라고 해서 다시 길을 출발했습니다. 그런데 그날따라 야쿠르트 아주머니를 두 번이나 더 만났습니다. 어떤 때는 일부러 찾아보려고 해도 만나기 힘들었는데 말입니다. 그때마다 차를 세워 야쿠르트를 있는 대로 다 달라고 해서는 야쿠르트를 한 가득 안고 집에 들어왔습니다. 엄청난 양이었습니다. 얼마나 뿌듯했는지 모릅니다. 집에 도착해서 야쿠르트를 세어보았습니다.

"1, 2, 3 … 698, 699, 700!"

그 순간 제 몸에 소름이 확 끼쳤습니다. 제가 초등학교 5학년 때 하나님을 향해 "하나님! 저 야쿠르트 700개 먹고 싶어요" 하고 외쳤던 것이 떠올랐기 때문입니다.

우리보다 더 아파하시는 하나님

누가 하나님이 죽었다고 말했습니까? 누가 하나님이 능력이 없다고 했습니까? 누가 하나님이 약속을 지키지 않으신다고 말했습니까? 저는 잊어버리고 있었지만 하나님은 기억하고 계셨습니다. 하나님은 어린 저의 눈물이 마음 아프셨던 것입니다. 그때는 제게 기다림의 훈련이 필요했기 때문에 슬픔을 허락하셨지만, 실제 하나님은 저보다 훨씬 더 속상해하고 계셨던 것입니다.

하나님은 우리가 고난당할 때, 우리에게 꼭 필요하기 때문에 허용하시지만 힘들어하는 우리를 보시며 우리보다 더 마음 아파하십니다. 어쩌면 그때 우리를 보시며 펑펑 울고 계실지도 모릅니다. 그럼에도 불구하고 하나님은 우리에게 고난의 훈련을 허용하십니다. 고난을 통과해야 진정한 하나님의 사람으로 온전해질 수 있기 때문입니다. 더 큰 고난을 당하기 전에 정신 차려야 합니다. 두렵고 떨리는 마음으로 하나님께 마음을 돌이켜야 합니다.

다윗은 지금 처절한 상황 속에 빠져 있습니다. 그는 자신이 어떻게 해야 할지도 모를 만큼 힘들어하고 있습니다. 지금 당장 목숨을 부지하기 위해 무슨 일이라도 해야 했습니다.

> 다윗이 이 말을 그의 마음에 두고 가드 왕 아기스를 심히 두려워하여 그들 앞에서 그의 행동을 변하여 미친 체하고 대문짝에 그적거리며 침을 수염에 흘리매 삼상 21:12,13

거인 골리앗을 죽였던 그 믿음의 용사가 지금 어떻게 되었습니까? 적국 왕을 심히 두려워하여 미친 척하고 있습니다. 그래야만 살 수 있는 극한 고통 속에 빠져 있습니다. 다윗이 잘못을 했기 때문이 아니라 하나님이 허용하신 고난이었습니다. 하나님은 더 이상 사울 같은 왕이 세워지는 것을 원치 않으셨습니다. 그래서 다윗을 훈련시키고 계신 것입니다. 다윗이 고난 가운데서 하나님의 살아 계심을 체험하고 알도록, 그리하여 백성들을 향해 하나님의 살아 계심을 증거하도록 하기 위해 그에게 고난의 훈련을 허용하신 것입니다.

그러나 하나님은 그런 다윗을 보시며 더 마음 아파하셨을 것입니다. 그러니 잊지 마십시오. 우리에게 훈련이 필요하여 고난을 허락하시면서도 하나님은 우리보다 더 고통스러워하신다는 사실을 말입니다. 그리고 결코 우리 곁을 떠나지 않으신다는 사실을 말입니다.

고난은 신앙의 필수 과정

그러나 다윗은 그런 고통스런 상황 속에서도 어떻게 해야 승리할 수 있는지, 또 자신이 하나님 앞에 어떤 태도를 취해야 하는지 알고 있었습니다. 그는 실패의 자리에서 어떤 태도를 취해야 하는지 알고 있었던 것입니다. 시편 34편을 보면 표제어에 이런 설명이 달려 있습니다.

"다윗이 아비멜렉 앞에서 미친 체하다가 쫓겨나서 지은 시."

다윗이 바로 지금 사울을 피해 블레셋으로 도망갔다가 미친 척하며 위기를 모면한 바로 그 고난 속에서 기록한 시입니다. 이 시에서 다윗은 뭐라고 고백하고 있습니까?

> 의인은 고난이 많으나 여호와께서 그의 모든 고난에서 건지시는도다 그의 모든 뼈를 보호하심이여 그 중에서 하나도 꺾이지 아니하도다 악이 악인을 죽일 것이라 의인을 미워하는 자는 벌을 받으리로다 여호와께서 그의 종들의 영혼을 속량하시나니 그에게 피하는 자는 다 벌을 받지 아니하리로다 시 34:19-22

다윗은 억울해 하지 않았습니다. 그는 고통스럽지만 받아들였습니다. 하나님의 구원을 신뢰하며 원망하지 않았습니다.

우리도 받아들여야 합니다. 때로는 견디기 힘든 어려움과 굴욕적인 일들이 벌어집니다. 도저히 이해하지 못할 일들과 사탄의 악한 역사가 일어나기도 합니다. 그러나 그런 순간에도 억울해하거나 불평하지 말기 바랍니다. 하나님 앞에서 그분의 약속을 붙잡고 신실하고 인자하신 하나님을 붙들기 바랍니다.

인정하기는 싫지만 고난은 신앙의 필수 과정입니다. 특히 의인에게는 고난이 많습니다. 이 세상이 악이 지배하는 세상이기 때문입니다. 영적 전투의 현장에서 믿음을 붙잡고 싸워 이기기를 원한다면, 적어도 이 한 가지 사실은 반드시 기억해야 합니다. 고난은 의인의 필수 과정이라는 사실 말입니다. 성도가 실패의 자리에 있는 것을 억울해 한다면 결코 그 고난에서 이길 수 없습니다.

초등학교 5학년짜리 아이의 기도라고 할 수도 없는 외마디 울부짖음도 하나님께서는 기억하고 계셨습니다. 하나님은 자기 백성의 소원에 응답하십니다. 하나님은 우리의 절규를 듣고 계시며 우리의 눈물을 보고 계십니다. 우리는 결코 혼자가 아닙니다. 그 하나님 때문에 우리는 실패의 자리에서도 여전히 실패자가 아닐 수 있습니다.

고난에서 승리하는 세 가지 비결

고통스럽고 괴로운 고난의 자리에서 다윗은 하나님을 원망하거나 억울해 하지 않았습니다. 대신 신실하신 하나님을 믿으며 그분이 주신 약속을 붙잡았지요. 결국 다윗은 그 고난의 자리에서 일어날 수 있었습니다. 다윗을 통해 고난과 실패의 자리에서 우리가 승리할 수 있는 세 가지 원리를 살펴봅시다.

첫째, 의지적으로 예배를 드려라

그리스도인은 고난에 감정적으로 대처해서는 안 됩니다. 의지를 사용하여 힘을 다해 대처해야 합니다. 사람들은 건강을 위해서 운동을 합니다. 건강이라는 목적을 위해 감정적으로는 운동하기 싫을지라도 의지적으로 운동을 하지요. 의지를 발휘하는 사람이 운동을 통해 건강을 회복하고 유지할 수 있습니다. 공부에도 똑같은 원리가 적용됩니다. 공부하기는 싫지만 미래를 위해 우리의 의지를 사용해서 공부에 힘을 쏟습니다.

마찬가지로 우리는 고난의 자리에 처했을 때 우리의 육신을 쳐서 의지적으로 복종해야 합니다. 우리가 고난 속에서 의지적으로 반응하지 않으면 우리는 당장에 하나님을 외면하고 원망하기 쉽습니다. 왜냐하면 우리는 본래 죄인인지라 하나님 안에 있기를 좋아하지 않기 때문입니다.

삶의 모든 부분이 평안할 때는 하나님 안에 거하며 하나님을 찬양하고 예배하며 그분을 높여드리는 것을 즐거워할 수 있습니다. 하지만 우리의 삶에 어려움이 밀려올 때면 쉽게 하나님을 배반하고 맙니다. 믿음의 뿌리가 약하기 때문입니다. 그렇기 때문에 의지를 다해 하나님을 붙잡아야 합니다. 의지적인 행위가 없으면 믿음의 삶을 살 수 없습니다.

> 내가 여호와를 항상 송축함이여 내 입술로 항상 주를 찬양하리이다 내 영혼이 여호와를 자랑하리니 곤고한 자들이 이를 듣고 기뻐하리로다 나와 함께 여호와를 광대하시다 하며 함께 그의 이름을 높이세 내가 여호와께 간구하매 내게 응답하시고 내 모든 두려움에서 나를 건지셨도다 시 34:1-4

다윗은 고통 속에 있을 때 "내 입술로 항상 주를 찬양하리이다"라고 의지를 드려 고백했습니다. 그리고 하나님의 이름을 높여드렸습니다. 고난의 자리에 있을 때 예배드리는 것이 쉽지 않지요. 그러나 그때 우리는 하나님을 기억하고 예배해야 합니다. 예배하겠다고 결단해야 합니다.

도대체 내가 왜 이 고난을 겪고 있는지 모르겠다는 생각이 들고 도저히 하나님의 뜻이 무엇인지 전혀 모르겠는 그때, 예배드리고 싶은 마음이 조금도 없는 그때, 의지를 다해 예배하십시오! 의지적으로 예배의 자리에 나아오십시오! 교회 공동체가 함께 모이는 시간과 장소에 더 일찍 나와 준비하고 하나님을 붙잡으십시오! 그래야 살 수 있습니다. 그래야 승리할 수 있습니다.

물론 절대 그렇게 하고 싶지 않은 타당한 이유가 있을 겁니다. 우리가 고통당할 때, 원인 모를 질병이 생겼을 때, 사랑하는 이를 떠나보내야 할 때, 자녀가 방황할 때 무슨 정신으로 예배를 드리고 싶겠습니까? 그땐 아무것도 하고 싶지 않을 것입니다. 도리어 하나님을 원망하고 싶은 마음만 가득하지요. 하지만 그럴 때 입을 벌려 죄 짓지 말고 하나님 앞에 의지적으로 엎드려야 합니다. 반항하는 몸을 이끌고 복종시켜 하나님을 예배하는 자리에 나아가야 합니다. 예배의 장소와 예배의 시간이 우리를 실패의 자리에서도 실패자가 되지 않는 놀라운 은혜로 이어지게 할 것입니다.

고난을 해결하는 출발점은 예배의 자리입니다. 성도는 예배 가운데서 하나님을 만납니다. 예배를 통해서 회복되고 예배를 통해서 능력을 받습니다. 그래서 하나님을 예배하는 시간은 우리 그리스도인들에게 가장 중요한 시간입니다. 예배가 무너지면 교회가 무너집니다. 말씀이 무너지면 다 무너지는 것입니다. 우리는 실패에 자리에 거할 수는 있지만 결코 실패자가 될 수는 없습니다. 그러기 위해 우리는 고난의 자리에서 의지적으로 예배해야 하는 것입니다.

둘째, 주님의 약속을 기억하라

다윗은 고난의 자리, 실패의 자리에 섰을 때 자신의 감정에만 집중하는 것이 아니라 하나님을 기억하고 하나님을 예배했습니다. 그럴 수 있었던 것은 하나님이 주신 약속을 기억했기 때문입니다. 시편 56편은 다윗이 가드에서 블레셋인에게 잡힌 때에 쓴 시입니다. 여기서 다윗은 어떻게 고백하고 있습니까?

> 내가 하나님을 의지하고 그 말씀을 찬송하올지라 내가 하나님을 의지하였은즉 두려워하지 아니하리니 혈육을 가진 사람이 내게 어찌하리이까 시 56:4

여기서 '혈육을 가진 사람'을 직역하면 '죽을 운명의 사람'이란 뜻입니다. 하나님의 힘과 대조되는 인간의 연약함을 말하는 것입니다. 다시 말해, 다윗의 고백은 이런 뜻입니다.

"연약한 인간이 내게 어쩔 수 있습니까? 연약한 세상이 내게 어찌하겠습니까?"

다윗이 이렇게 단언할 수 있었던 것은 하나님이 자신을 지키실 것이라는 약속을 붙잡았기 때문입니다. 하나님이 허용하지 않으신 일은 성도에게 있을 수 없습니다. 하나님이 성도를 책임지신다는 하나님의 약속을 기억하십시오. 의지적으로 주님의 약속을 기억하십시오.

고난의 자리에 있을 때 절로 믿음이 생기기란 쉽지 않은 일입니다. 무척 어려운 일이지요. 자발적으로 순종해야겠다는 마음도 들지 않을 것입니다. 하나님이 밉고 싫다는 생각도 들 것입니다. 그러나 그때, 하나님의 약속을 기억하십시오. 하나님은 결코 식언치 않으시는 분이십니다. 의지를 다해 하나님의 약속을 붙잡으십시오.

우리가 하나님의 약속의 말씀을 기억하는 그 시간을 통해 하나님의 말씀이 도리어 우리를 붙잡을 것입니다. 성도가 하나님의 말씀을 붙잡고 또 하나님의 말씀이 성도를 붙잡으면, 사탄은 더 이상 성도를 흔들지 못합니다. 하나님의 말씀을 두려워하며 일곱 길로 도망할 것입니다. 바로 그때, 성도에게는 간증이 생기고 하나님의 살아 계심을 체험하게 되는 큰 은혜가 임할 것입니다. 할렐루야! 다른 어떤 것도 이보다 더 좋을 수는 없습니다!

하나님의 살아 계심을 체험할 수만 있다면 우리는 폭풍 속으로도 들어갈 수 있습니다. 다니엘을 생각해보십시오. 다니엘은 사자 굴 안에서 하나님을 체험했습니다. 우리도 고난의 사자 굴 안에서 살아 계신 하나님을 만날 수 있습니다. 그러니 힘을 다해 하나님의 약속을 기억하십시오!

셋째, 힘을 다해 감사하라

블레셋인에게 붙잡힌 다윗은 시편 56편에서 계속해서 이렇게 고백하고 있습니다. 12,13절입니다.

> 하나님이여 내가 주께 서원함이 있사온즉 내가 감사제를 주께 드리리니 주께서 내 생명을 사망에서 건지셨음이라 주께서 나로 하나님 앞, 생명의 빛에 다니게 하시려고 실족하지 아니하게 하지 아니하셨나이까 시 56:12,13

다윗이 지금 무엇을 하고 있습니까? 하나님께 감사를 드리고 있습니다. 그 고통스러운 환경 중에 있음에도 불구하고 자신의 생명을 건지신 하나님께 감사하고, 실족하지 않게 해주신 것에 감사하고 있습니다. 인간의 본성으로는 힘들 때 감사하기가 쉽지 않습니다. 아마도 다윗은 온 힘을 다해 하나님의 약속을 기억하고, 의지적으로 하나님께 감사를 드렸을 것입니다. 우리도 고난 중에 있을 때 힘을 다해 의지를 드려서 감사해야 합니다. 감사할 거리가 있을 때 하는 감사보다 감사할 수 없는 중에 드리는 감사가 더 향기로운 제물이 되리라 믿습니다. 그러니 기쁠 때나 슬플 때나 언제나 이렇게 감사의 고백을 주님께 올려드리는 향기로운 제사를 드리는 하나님의 사람이 다 되기를 바랍니다.

"하나님, 감사합니다. 무조건 감사합니다. 오늘도 새 날을 주셔서 감사합니다. 힘들지만 하나님 앞에 나올 수 있게 해주셔서 감사합니다. 하나님을 떠나지 않게 해주셔서 감사합니다."

감사의 힘

사탄은 감사하는 사람을 제일 무서워합니다. 저는 가끔 귀신 들린 사람들을 대상으로 축귀 사역을 하는 목회자들을 만날 기회가 있습니다. 귀신과 싸우고 귀신을 내쫓는 장면을 보기도 했습니다. 귀신은 불평불만의 왕입니다. 그래서 귀신들은 감사하는 사람을 무서워합니다. 성도가 감사하기 시작하면 눈에 보이지 않는 영적 보호막이 생기는 것 같습니다. 악한 귀신들의 불평불만이 힘을 잃고 사라져버리지요.

어떤 할아버지가 계셨습니다. 이분의 별명은 '감사 할아버지'였습니다. 가난하게 살았지만 무슨 일이 생겨도 "감사합니다"라고 말했기 때문입니다. 하루는 이 할아버지가 없는 돈을 쪼개어 아내와 함께 먹겠다고 돼지고기를 한 근 사셨습니다. 그런데 집으로 돌아가는 길에 그만 돌부리에 딱 걸려 넘어진 것이 아니겠습니까? 신문지에 둘둘 말려 있던 돼지고기가 땅바닥에 굴러 아주 흙 범벅으로 못 먹게 되었습니다. 옛날에는 고기를 이렇게 신문지로 말아 포장했습니다.

옆에 있던 사람들은 '저 할아버지가 이번에는 어떻게 말할까? 이런 상황에서도 감사하다고 말할까?' 궁금해 하며 지켜보았습니다. 감사 할아버지는 옷을 툭툭 털고 일어서서 "아이고 감사하다! 고기는 버려도 내 입맛은 안 버려서 감사하다!"라고 말하며 너털웃음을 지으며 집으로 돌아갔습니다.

대단한 경지입니다. 이 정도 수준이 되어야 고난을 이길 수 있습니다. 예배에 참석하기 위해 서둘러 오다가 차가 막히거나 차 사고가 날지라도 "감사합니다. 안 다쳐서 감사합니다. 그래도 예배에 갈 수 있어서 감사합니다"라고 고백할 수 있어야 합니다.

제가 필라델피아에 살 때 한 교회 아동부 수련회에서 물놀이를 하다가 그만 한 아이가 익사하는 사고가 일어났습니다. 그 아이의 할아버지와 아버지는 모두 장로였습니다. 그 두 분은 아이의 장례식에서 이렇게 말씀하셨습니다.

"이 아이를 세상에 보내신 하나님께서 아이가 우리와 기쁨을 다 나누게 하시고 천국에 가게 하시니 감사합니다. 이 아이가 세상의 죄악에 물들기 전에 천국으로 가게 하시니 감사합니다. 다른 가정의 아이가 아닌 우리 아이가 천국 가서 교회가 시험 들지 않게 해주심을 감사합니다."

저도 그 장례식장에 있었는데 얼마나 은혜가 넘쳤는지 모릅니다. 그 분은 정말 존경받아 마땅한 장로였습니다. 장로는 대접 받기 위해 세워진 직분이 아닙니다. 성도의 본(本)이 되도록 하나님이 세우신 직분입니다. 이런 장로님이야말로 하나님의 살아 계심을 온 성도에게 전하는 교회의 어른입니다. 교회에서 장로님만 보면 성도가 기쁨과 감사의 눈물을 뚝뚝 흘리는 역사가 일어나게 되기를 소원합니다. 예수님처럼 살았고, 또 살아가고 있기 때문에 그 장로님만 보면 그저 존경의 눈물이 흐르는 은혜가 우리에게 있어야 하겠습니다.

실패의 자리에 있을지라도 성공자로 반응하라

우리 모두 기회가 있을 때마다 하나님 앞에 회개하고 하나님 말씀에 온전히 순종하여 늘 하나님 앞에 온전히 서 있기를 바랍니다. 하나님 말씀에 순종하지 않고 고집만 피울 때 하나님은 징계의 매를 드셔서 무섭게 치십니다. 하나님은 끝까지 성도를 하나님의 사람으로 세우고자 하시기 때문입니다. 부모가 자녀를 때려서라도 온전하게 키우려고 하는 것처럼 말입니다. 그 지경에 이르지 전에 먼저 겸손으로 옷을 동이고 회개하며 하나님 앞에 나아가십시오.

당신은 지금 실패의 자리에 있습니까? 내일조차 꿈꾸지 못하는 그런 상황에 처해 있습니까? 그러나 실패의 자리, 고난의 자리에 있다고 해서 실패자가 되는 것이 아닙니다. 하나님은 잠시 동안 고난과 실패의 자리에 있게 하십니다. 그 자리에서 어떻게 반응하느냐에 따라 정말 강력한 믿음의 사람이 되든지 진짜 실패자가 되든지 결정되는 것입니다.

의지적으로 예배하십시오. 의지적으로 주님의 약속을 기억하십시오. 의지적으로 감사하십시오. 성도는 반드시 믿음의 시험을 받게 됩니다. 누구라도 인생에서 언젠가 한 번은 반드시 어려움과 실패를 맛보게 될 것입니다. 그러나 실패와 고통, 어려움을 당한다고 해서 실패자가 되는 것이 아닙니다. 당신은 하나님의 사람입니다. 당신은 하나님이 세우신 하나님의 사람입니다. 조금만 더 자신감을 가지세요. 믿음으로 기도하십시오. 완전한 승리자 되신 예수 그리스도께서 우리를 승리의 자리로 인도해주실 것입니다. 하나님께서 당신을 세상이 감당할 수 없는 강한 그리스도인으로 세우실 것입니다.

너희 믿음의 확실함은 불로 연단하여도 없어질 금보다 더 귀하여 예수 그리스도께서 나타나실 때에 칭찬과 영광과 존귀를 얻게 할 것이니라 벧전 1:7

03 하나님의 에이스로 사는 법

실패의 자리에서 적극적으로 예배하고
하나님의 약속을 기억하며 감사하라

01 우리가 고난당할 때 하나님은 더 마음 아파하신다

하나님이 우리에게 고난을 허락하시는 이유는, 고난의 자리에서 하나님을 찾게 하기 위해, 고난 중에라도 하나님이 우리와 함께하신다는 사실을 가르쳐주기 위해서입니다. 하나님은 우리에게 꼭 필요하기 때문에 고난을 허용하시면서도, 힘들어하는 우리를 보시며 우리보다 더 마음 아파하십니다. 우리는 이 사실을 기억해야 합니다.

02 고난 속에서 승리하는 세 가지 비결

첫째, 의지적으로 하나님을 예배해야 합니다. 고난을 해결하는 출발점은 예배의 자리입니다. 둘째, 의지적으로 주님의 약속을 기억해야 합니다. 우리가 하나님의 약속의 말씀을 기억하는 그 시간을 통해 하나님의 말씀이 도리어 우리를 붙잡을 것입니다. 셋째, 힘을 다해 감사해야 합니다. 감사할 거리가 없을 때 드리는 감사가 하나님께 향기로운 제물이 됩니다.

03 실패의 자리에 있을지라도 성공자로 반응하라

우리가 실패의 자리, 고난의 자리에 있다고 해서 실패자가 되는 것이 아닙니다. 그 자리에서 어떻게 반응하느냐에 따라 정말 강력한 믿음의 사람이 되든지, 아니면 진짜 실패자가 되든지가 결정됩니다. 성도는 반드시 믿음의 시험을 받게 됩니다. 그때 하나님이 택하신 자임을 기억하십시오. 믿음으로 기억하십시오. 우리는 결코 실패자가 아닙니다.

A

하나님의 마음에 합한 사람
하나님의에이스
훈련기

CHAPTER 04

에이스가 되기 위한 훈련 과정
광야는 승리를 위한 필수 코스이다

다윗이 사울이 자기의 생명을 빼앗으려고 나온 것을 보았으므로 그가 십 광야 수풀에 있었더니 사울의 아들 요나단이 일어나 수풀에 들어가서 다윗에게 이르러 그에게 하나님을 힘 있게 의지하게 하였는데 곧 요나단이 그에게 이르기를 두려워하지 말라 내 아버지 사울의 손이 네게 미치지 못할 것이요 너는 이스라엘 왕이 되고 나는 네 다음이 될 것을 내 아버지 사울도 안다 하니라 두 사람이 여호와 앞에서 언약하고 다윗은 수풀에 머물고 요나단은 자기 집으로 돌아가니라

삼상 23:15-18

하 나 님 의 에 이 스

하나님이 일하실 때 사탄도 일한다

하나님께서 일하실 때 악한 사탄도 항상 일합니다. 악한 영(靈)의 공격은 하나님의 역사가 있음을 드러내는 증거이기도 합니다. 절대로 두려워하거나 흔들릴 필요는 없지만, 더 집중해서 기도하고 깨어 있어야 할 필요는 있습니다.

악한 영은 항상 교회와 성도를 공격합니다. 조금이라도 틈을 보이면 절대 놓치지 않고 파고듭니다. 그래서 늘 깨어 있어야 합니다. 좋은 일이 있을 때, 교회에 부흥이 있을 때 더 조심해야 합니다. 예수님을 믿지 않는 세상 사람들도 좋은 일이 있을 때 더 조심하고 주위를 살피지 않습니까? 영적 세계를 아는 우리는 더욱 깨어 있어야 할 것입니다. 하나님은 교회 안에 알곡만 두지 않으셨습니다. 가라지를 함께 두도록 허용하셨지요. 그래서 우리는 가라지에 미혹되지 않도록 늘 깨어서 악에 대항해야 하는 것입니다. 사탄의 역사를 그저 보고만 있는 약하고 조용한 성도가 아니라 강하고 담대히 맞서 싸워 승리하는 성도가 되어야 할 것입니다.

하나님께서는 자기 백성들이 약한 채로 있도록 그냥 두지 않습니다. 강하고 능한 그리스도의 군사가 되도록 훈련을 시키시지요. 기도의 훈련, 경건의 훈련, 거룩의 훈련, 정직의 훈련과 같은 하나님의 훈련 코스를 따라가다 보면 우리는 어느새 강한 그리스도의 군사로 하나님의 에이스가 되어 있는 자신의 모습을 볼 수 있을 것입니다. 그런데 한 가지 기억해야 할 것은 이 같은 훈련들은 삶의 평안한 자리에서보다 고난과 고독의 광야에서 주로 이루어진다는 사실입니다.

광야 학교에 보내진 다윗

다윗은 하나님의 택함을 받아 기름부음을 받고도 한참 동안을 광야를 떠돌며 고난과 고통을 겪어야 했습니다. 본문 말씀인 사무엘상 23장 15-18절의 말씀은 다윗이 사울을 피해 엔게디 광야에 숨었을 때의 기록입니다. 광야는 하나님의 훈련 장소입니다. 하나님께서는 다윗을 왕으로 세우시기 전에 광야로 이끌어 여러 가지 훈련을 시키신 것입니다. 이 당시 다윗에게는 기쁘고 행복했던 시간보다 힘들었던 시간이 더 많았습니다. 그러나 다윗은 힘들었던 그 시간을 통해 고난 속에서도 하나님을 찬양하고 붙잡을 수 있는 강한 믿음의 사람이 될 수 있었습니다.

'엔게디'(Engedi, '염소의 샘'이란 뜻)는 사해 옆에 있는 작은 오아시스입니다. 이스라엘 남동쪽 외딴 곳에 있지요. 소금물로 된 호수인데, 그 엔게디에서 서쪽으로 270미터쯤 가면 높이가 600미터 되는 절벽이 나옵니다. 그리고 그 절벽을 기점으로 넓은 고원이 펼쳐지는데, 거기가 광야입니다. 엔게디 지역의 고원과 절벽은 심한 침식으로 인해 골이 깊게 파여 있고 복잡한 협곡과 동굴들이 형성되어 있어 '엔게디 광야'라고 불렸습니다.

어떤 학자가 광야를 연구하여 쓴 글을 본 적이 있습니다. 아무것도 없는 광야에 사람이 들어가 한 시간만 지나면 감각에 변화가 오기 시작한다고 합니다. 한 시간만 지나도 시각과 청각과 후각이 예민해지기 시작합니다. 두세 시간 지나면 우리가 도심에서 살 때와는 전혀 다른 감각이 생깁니다. 안 보이던 것이 보이고, 들리지 않던 것이 들리고, 느껴지지 않던 것이 느껴지기 시작한다는 것입니다.

거룩을 향한 감각은 광야에서 시작된다

광야는 우리의 오감(五感)만 예민하게 만드는 것이 아닙니다. 그곳에서 우리의 영적인 감각, 즉 '거룩'을 향한 감각도 예민해지지요. 사실, 누구도 평안한 시간에 참된 거룩이 나타나기란 쉽지 않습니다. 대부분의 사람들이 평탄한 시간에는 하나님을 찾지 않지요. 모든 것이 자기 마음대로 되고 있을 때에는 하나님을 찾지 않는 것이 인간입니다. 그래서 우리에게 광야의 시간이 필요한 것입니다. 세상의 것들이 귀에 들리지 않는 시간, 사방에 아무것도, 아무도 없는 철저한 고독의 시간이 필요합니다. 그래야 하나님께 집중할 수 있기 때문입니다.

광야에서는 누구도 나를 도와줄 수 없습니다. 누구도 나와 함께해 주지 못합니다. 그곳에서의 시간은 하나님의 음성을 듣는 시간입니다. 다른 음성은 아무것도 들리지 않습니다. 오직 하나님만 붙잡는 시간입니다. 아무도 나를 붙잡아줄 수 없고, 내가 의지할 수 있는 것은 아무것도 존재하지 않습니다.

혹시 지금 몹시 힘이 들어 막막한 하루하루를 보내고 있습니까? 당신을 도와줄 사람이 아무도 없어 외롭다고 느끼십니까? 광야의 시간입니다. 엔게디의 시간인 것입니다. 하나님을 향한 집중, 거룩을 향한 감각이 예민해지는 훈련의 시간인 것입니다. 하나님께 집중하십시오. 하나님의 음성에 귀를 기울이십시오. 그러기 위해 주어진 시간입니다.

목회를 하다보면 광야를 지나고 있는 성도들을 많이 만나게 됩니다. 어떤 때는 목사인 제가 봐도 정말 가슴이 아플 때가 있습니다. 늘 진실한 마음으로 선하고 충성스럽게 사셨던 성도님이 어느 날 갑자기 큰 병이 들어 신음하고 있는 모습을 볼 때면, 목회자인 저조차 하나님이 야속하게 느껴지기도 합니다. 제 생각에는 더 건강 주시고 복을 주셔야 할 분들에게는 고통을 주시고, 조금 아프셔도 될 것같이 생각되는 분들은 왜 더 건강한지 하나님이 이해가 되지 않을 때도 있습니다. 그러나 고난은 하나님의 사람에게 저주가 아닙니다. 하나님의 가장 큰 저주는 그냥 방치하는 것입니다. 하나님은 택한 성도만을 광야로 내보내십니다. 그곳에 하나님의 사랑이 있습니다. 하나님이 광야로 내보내신다는 것은 하나님이 사용하시겠다는 뜻입니다.

상처 입은 사람만이 다른 사람의 상처를 치유할 수 있습니다. 광야에서 상처를 입고 그 상처의 치유를 경험한 성도만이 상처 받은 성도를 위로할 수 있지요. 만일 자녀를 잃는 아픔을 경험한 성도가 있다면 같은 고통을 겪고 있는 성도를 그보다 더 잘 위로해줄 수 있는 사람은 없을 것입니다. 자녀를 잃는 슬픔을 누가 상상이나 할 수 있겠습니까? 누구의 위로도 그저 공허하게 울릴 것입니다. 그러나 자신과 똑같은 아픔을 겪어본 사람의 말이라면 그 무게감이 다를 것입니다.

상처 입은 성도에게 하나님께서는 위로할 수 있는 특별한 권리와 위로할 대상을 허락하십니다. 그러므로 이 땅의 진정한 치유자는 '상처 입은 치유자'밖에 없습니다. 하나님은 우리에게 광야의 시간을 허락하시고, 그 시간을 통해 우리를 '상처 입은 치유자'로 세워주십니다.

광야는 누구도 피할 수 없다

하나님은 모든 사람에게 광야의 시간을 주십니다. 어느 누구도 광야의 시간을 피할 수 없습니다. 훈련은 누가 대신 받아줄 수가 없습니다. 자녀가 가야 할 광야를 아무리 가슴이 아프다 해도 부모가 대신 걸어줄 수는 없는 노릇입니다. 설혹 자녀 대신 자녀의 광야를 대신 걸어 줄 수 있다 해도, 그것은 결코 자녀를 위하는 길이 아닙니다. 자녀를 망치는 지름길이 부모가 자녀 대신 모든 것을 해주는 것입니다.

누구나 자신만의 광야를 걸어야 합니다. 제아무리 눈에 넣어도 아프지 않을 자녀라 할지라도 자녀가 걸어야 할 광야가 있는 법입니다. 누구도 광야의 시간을 피할 수 없습니다. 하나님의 자녀라면 하나님을 대면하여 알고, 하나님의 음성을 들으며, 하나님만을 붙잡는 시간이 반드시 필요하기 때문입니다. 그 시간이 없는 것은 축복이 아니라 도리어 저주인 것입니다.

광야의 시간은 비껴갈 수 없습니다. 어느 누가 광야의 시간을 비껴갈 수 있겠습니까? 하나님이 우리에게 광야의 시간을 허락하실 때 어느 누가 거부할 수 있단 말입니까? 어느 누가 하나님의 자리에 대신 앉을 수 있단 말입니까? 우리는 광야의 시간을 거부할 수 없습니다. "피할 수 없다면 즐겨라"라는 말이 있습니다. 그러니 우리가 광야를 피할 수 없다면 그 시간에 우리에게 가르쳐주고자 하시는 하나님의 뜻이 무엇인지 분별하여 열심히 훈련받는 수밖에 없습니다.

고독의 시간을 만들라

광야의 시간은 고독한 시간입니다. 고독한 시간을 통해 거룩의 품성이 우리 안에서 자랍니다. 거룩은 고독과 밀접한 관계가 있습니다. 설령 우리가 지금 광야의 고통스러운 시간을 보내고 있지 않다 하더라도 '고독한 시간'은 우리에게 반드시 필요합니다. 하나님과 일대일로 만나는 고독한 시간을 우리의 일상 중에서 반드시 떼어놓아야 합니다. 성도는 이 시대를 깨우는 알람의 역할을 감당해야 하는데, 그러기 위해서는 반드시 하나님의 음성과 하나님의 뜻에 예민해지는 고독의 시간을 가져야 하는 것입니다.

그러나 실제 당신의 삶에는 고독의 시간을 찾아볼 수 있습니까? 우리는 우리의 일상생활을 돌아볼 필요가 있습니다. 우리는 일할 때 너무 빨리빨리 진행되기를 원합니다. 빨리빨리 일을 끝내야 하고, 빨리빨리 잘 놀아야 합니다. 특히 한국은 '빨리빨리' 문화에 젖어 있습니다. 음식도 패스트푸드를 선호하고 모바일도 '3G'를 넘어 '4G'를 선호하는 시대에 살고 있습니다. 기다리는 시간을 못 견딥니다. 그러다 보니 사색하고 묵상하는 시간 없이 그냥 살려고 합니다. 아무 생각 없이 살려는 것이지요.

당신의 일상을 한번 돌아보십시오. 아침에 일어나 저녁에 잠자리에 들 때까지 하나님의 음성에 귀를 기울이는 고독의 시간을 따로 구별하여 보내고 있는지 점검해보십시오. 우리는 하나님과 일대일로 만나면서 인격적인 교제의 시간을 갖고 있는지 늘 점검해야 합니다. 우리 안에 성령으로 계시는 주님은 지금도 우리에게 말씀하고 계십니다. 그러나 하나님만을 위해 따로 떼어놓은 고독한 시간이 없이는 그 음성을 듣기가 어렵습니다. 당신은 성령의 인도하심을 따라 고독의 시간을 따로 만들고 있습니까?

저의 목회 철학은 한마디로 '성령 목회'입니다. 하나님이 말씀하시면 그대로 순종하는 것입니다. 성령의 음성을 듣고 순종할 때 교회는 교회다워집니다. 성령의 인도하심 아래 있을 때 교회는 하나님의 능력을 경험할 수 있습니다. 성령의 역사와 체험 없이는 하나님의 큰 영적 세계를 알 수 없습니다. 그러니 성령님의 인도하심을 세밀하게 받을 수 있도록 반드시 하나님과 일대일로 독대하는 고독한 시간을 만드시기 바랍니다.

고독한 시간을 만드는 것을 최우선순위에 두어야 합니다. 하나님을 만나는 시간을 가져야 합니다. 10분도 괜찮고, 20분도 괜찮습니다. 그렇게 꾸준히 하나님과 대면하다 보면 시간도 점차 길어지고 깊어질 것입니다. 사람과 사람이 만날 때도 처음부터 할 말이 많을 수는 없습니다. 계속해서 만나고 교제하는 가운데 교제의 깊이가 달라지는 것입니다.

광야에서 기도의 영성이 깊어진다

하나님과 만나는 것이 처음부터 잘되는 것은 아닙니다. 기도는 즐거운 시간이기도 하지만 고독한 시간이기도 합니다. 기도하는 시간은 내 몸을 쳐서 복종하는 시간입니다. 기도는 결코 쉽지 않습니다. 기도의 깊은 영성을 경험하기 위해서는 긴 시간과 노력이 필요합니다. 때로는 깊은 영적 세계에서 하나님과 교통하기까지 몇 년이 걸리기도 합니다.

목사인 제게도 기도는 어려운 사역입니다. 남이 대신해줄 수 없는 시간이지요. 목회자든 평신도든 하나님의 영감을 받으며 하나님께 붙잡힌 인생을 살기 위해서는 늘 성령님과 교통하며 그분의 음성에 귀를 기울이는 시간을 가져야 합니다.

하나님과 고독한 시간을 갖기로 결단하십시오. 새벽기도부터 훈련하십시오. 기도의 훈련이 익숙해질 때 경건의 시간(Quiet Time)을 가지십시오. 성도는 말씀과 기도로 하나님을 만나야 살 수 있습니다. 교회를 백날 다녀도 일상의 삶에서 일대일로 하나님과 만나지 않으면 성도는 살 수 없습니다. 교회 다닌 연수가 늘어난다고 신앙이 자란다고 착각하지 마십시오. 시간이 흐른다고 우리의 믿음이 절로 자라는 것이 아닙니다. 하나님을 인격적으로 만나기 전까지 우리는 아무것도 아닙니다. 기도해야 삽니다. 성도는 기도를 통해 담대해집니다. 그래야만 악행을 볼 때에 진리를 말할 수 있는 힘이 생깁니다. 기도만이 교회를 건강하게 만드는 유일한 통로입니다.

광야의 시간은 기도의 영성이 깊어지고 자라는 시간입니다. 지금 누구에게도 말할 수 없는 깊은 고통의 시간, 고독한 광야의 시간을 보내고 있다면, 바로 지금이 하나님이 당신을 만지시는 시간인 것입니다. 아무것도 들리지 않고 아무것도 보이지 않는 고독한 시간 속에서 하나님의 음성이 들리기 시작할 것입니다. 하나님의 말씀이 당신을 인도할 것입니다.

생존 훈련

광야는 선택과목이 아닙니다. 광야는 하나님이 정하신 필수과목입니다. 하나님은 다윗을 광야로 몰아넣으신 것처럼 우리도 광야로 밀어넣으십니다.

다윗은 왜 광야로 나가게 되었습니까? 사울이 그의 목숨을 빼앗으려고 했기 때문에 도망간 것입니다. 다윗 스스로 광야로 간 것이 아닙니다. 불가피한 선택이었습니다. 하나님이 밀어서 광야로 쫓겨 간 것이지요. 성도에게는 광야를 선택하거나 거부할 권리가 없습니다. 성도에게 광야는 저절로 찾아오는 것입니다. 다윗이 그랬던 것처럼 말입니다. 하나님은 바로 그 광야에서 우리를 순금과 같이 만드십니다.

> 그러나 내가 가는 길을 그가 아시나니 그가 나를 단련하신 후에는 내가 순금같이 되어 나오리라 욥 23:10

그러니 지금 광야를 지나고 있다 해도 너무 두려워하지 마십시오. 너무 힘들어하지 마세요. 광야에서는 무엇을 하는 것이 중요하지 않습니다. 광야에서는 살아 있는 것이 중요합니다. 광야 훈련의 목적은 생존입니다. 거기에서는 '어떻게 살고 어떻게 누릴까?'를 생각하는 것은 호사(豪奢)입니다. 이는 마치 특전사가 야산에서 혹한기 생존 훈련을 하는 것과 같습니다.

지금 어떻게 하면 빨리 이 광야를 벗어날 수 있을까, 어떻게 하면 광야에서 문제를 해결할까 발버둥치지 마십시오. 광야를 받아들이고, 그곳에서 그저 성도의 삶을 사시기 바랍니다. 광야를 현실로 받아들여 그곳에서 기도하세요. 그곳에서 하나님의 음성을 들으세요. 하나님의 때가 되면 하나님이 당신을 광야에서 붙잡으시고 일으켜주실 것입니다. 하나님이 당신을 젖과 꿀이 흐르는 땅으로 옮겨놓으실 것입니다.

광야는 필수 코스

우리는 다윗이 엔게디 광야에서 하나님의 사람으로 빚어지는 것을 보았습니다. 현재를 사는 성도들에게도 엔게디 광야는 필수 코스입니다. 우리는 광야를 지날 때 만나게 되는 어렵고 내 힘으로 해결할 수 없는 문제들을 현실로 받아들여야 합니다. 이렇게 외치며 당당히 맞아야 합니다.

"광야야, 내게 와봐라! 절망아 덤벼봐라! 문제야 밀려와봐라!"

믿음의 사람이 되면 눈빛이 달라집니다. 광야를 현실로 받아들일 때 성도의 눈빛이 달라지기 시작합니다. 마치 모세가 시내 산에서 십계명을 받기 위해 하나님을 만나고 난 후에 얼굴에 광채가 비쳤던 것처럼 우리도 하나님이 주신 담대함으로 빛나기 시작할 것입니다. 예배의 자리에서 말씀을 듣고 결단하고 삶의 현장으로 향할 때 성도의 눈빛이 달라져야 합니다.

성경의 3대 광야

성경에는 3대 광야 이야기가 등장합니다. 첫 번째는 모세가 겪은 광야입니다. 모세는 이스라엘 백성들과 함께 40년 동안 광야를 헤맸습니다. 그 광야에서 모세와 이스라엘 백성들은 이스라엘의 하나님과 우상의 차이를 알게 됐습니다. 살아 계신 하나님의 능력을 목도하고 알게 되었습니다.

두 번째 광야는 예수님이 경험하신 광야입니다. 예수님은 광야에서 40일간 머무셨습니다. 그곳에는 유혹이 있었습니다. 추위와 배고픔이 있었지요. 그러나 예수님은 그 광야를 통해 우리에게 어떤 일을 나타내 보이셨습니까? 하나님과 하나님의 능력을 이용하는 것과 진정으로 하나님을 사랑하며 하나님의 영광을 위해 사는 것의 차이점을 분명히 보이셨습니다.

사탄은 하나님의 능력을 이용해 자신을 위해 쓰라고 예수님을 유혹했습니다. 그러나 예수님은 그렇게 하지 않으셨습니다. 하나님의 능력을 이용하는 인생이 아닌 하나님의 능력을 나타내며 하나님의 뜻대로 살아가는 삶의 모습을 보이셨지요. 이 둘은 비슷해 보이지만 너무나 다릅니다. 사탄은 우리에게도 그렇게 찾아옵니다. 하나님의 일과 아주 비슷하게 보이지만 결국은 죄와 멸망의 길로 우리를 인도합니다. 예수님이 광야에서 보이신 것은 하나님의 능력을 통해 어떤 업적을 이루시는 모습이 아니었습니다. 다만 하나님의 뜻을 이 땅에서 이루시는 '하나님의 사람'의 모습을 나타내 보이신 것이었습니다.

세 번째는 다윗이 겪은 광야입니다. 다윗은 광야에서 무엇을 배웠습니까? 그는 홀로 있는 법을 배우고, 하나님과 교통하는 법을 배웠으며, 기도하는 삶을 배웠습니다. 하나님의 음성이 들릴 때까지 절대 움직이지 않는 법을 배웠습니다. 하나님께서 원하시는 삶을 붙잡는 거룩함을 알게 되었습니다. 거룩함이 무엇입니까? 하나님이 원하시는 것을 붙잡는 삶입니다. 다윗은 그 거룩함을 광야에서 배우고 연습했습니다.

다윗이 광야에 있을 때 무슨 일이 있었습니까? 다윗과 그의 군사들이 동굴에 있는데, 다윗을 쫓던 사울이 볼일을 보기 위해 하필이면 그 동굴 속으로 들어왔습니다. 하나님이 사울 왕을 버리셨다는 것을 보여주시는 단면 같습니다. 왕좌에 앉아 있는 왕의 모습이 아닌 화장실에 앉아 있는 왕의 모습입니다. 다윗은 동굴로 들어와 무장해제 한 채 급한 일을 해결하는 사울을 그냥 보냈습니다.

사울이 혼자 있을 때 다윗은 그를 끝낼 수도 있었습니다. 그러나 다윗은 그렇게 하지 않았습니다. 하나님이 말씀하지 않으셨기 때문입니다. 다윗에게는 분명 명분도 있었고 기회도 주어졌습니다. 하지만 내가 보기에 아무리 옳고 좋아 보여도 하나님이 말씀하지 않으시면 움직이지 않는 것이 거룩입니다. 눈앞에서 자신의 힘으로 문제를 해결할 수도 있는 상황에서 하나님의 역사하심을 믿고 기다리는 것이 거룩함입니다. 다윗은 광야에서 이것을 배웠습니다.

긴장을 풀고 있는 사울에게 다윗이 외칩니다.

"왕이시여, 제가 뭘 그렇게 잘못했습니까? 내가 왕을 내 손으로 해할 수도 있지만 하나님이 당신에게 기름부었기 때문에 내가 오늘 그렇게 하지 않았습니다."

사울이 얼마나 놀랐을까요? 자칫하면 자신의 목숨이 달아날 수도 있었던 상황이었습니다. 그러나 다윗이 그렇게 하지 않을 수 있었던 것은 광야의 훈련을 통과했기 때문입니다.

광야에서 다윗은 하나님의 눈으로 세상을 보는 안목을 갖게 되었습니다. 이러한 하나님의 시각은 평탄한 길을 갈 때에는 결코 갖기 어렵습니다. 하나님의 역사는 안일한 일상 속에서 일어나지 않습니다. 광야와 풍랑 속에서 일어납니다. 광야를 지난 성도의 인생 여정과 방향은 달라질 수밖에 없습니다.

광야를 지날 때 기뻐할 수 있는 성도는 대단한 사람입니다. 평범한 사람은 광야에서 울며불며 소란 피운다고 광야 훈련이 면제되는 것이 아님을 뒤늦게 깨닫습니다. 하나님이 쓰시는 사람은 광야에 대한 시각을 새롭게 한 사람입니다. 그렇기 때문에 광야에서도 기뻐할 수 있습니다. 인생의 의미와 목적을 새롭게 생각하며 기쁨과 평안으로 달려갑니다.

광야에서 정체성을 깨닫다

하나님이여 내게 은혜를 베푸소서 내게 은혜를 베푸소서 내 영

혼이 주께로 피하되 주의 날개 그늘 아래에서 이 재앙들이 지나
기까지 피하리이다 내가 지존하신 하나님께 부르짖음이여 곧
나를 위하여 모든 것을 이루시는 하나님께로다 그가 하늘에서
보내사 나를 삼키려는 자의 비방에서 나를 구원하실지라 (셀라)
하나님이 그의 인자와 진리를 보내시리로다 시 57:1-3

시편 57편은 다윗이 사울을 피하여 굴에 있을 때 지은 시입니다. 다윗의 행적은 사무엘상을 보면 알 수 있지만, 다윗의 신앙 여정과 그의 내면은 시편을 묵상하면 알 수 있습니다. 이 시는 바로 엔게디에 있을 때 하나님께 드린 다윗의 기도입니다.

"하나님이여 내게 은혜를 베푸소서, 내게 은혜를 베푸소서!"

여기서 시인은 동의어 반복을 통해 은혜 받기를 갈급해하는 자신의 심정을 강조하고 있습니다. 무조건적인 하나님의 은혜를 소망하는 자신의 간절한 마음을 표현한 것이지요. 히브리어 문법에서 자주 나타나는 평행법이라는 문장 구조로, 특히 시편에서 자주 나타나는 표현법입니다.

또한 "내 영혼이 주께로 피하되 주의 날개 그늘 아래에서 이 재앙들이 지나기까지 피하리이다"라는 고백에서 우리는 매우 중요한 단어를 발견할 수 있는데, 그것은 '내 영혼'이라는 단어입니다. 다윗은 '내 몸'이나 '내 삶'이나 '내 마음'이라고 표현하지 않고 '내 영혼'이라고 표현하고 있습니다. 이것이 의미하는 것은 무엇일까요?

다윗이 광야에서 발견한 것은 자신의 정체성입니다. 다윗은 자신이 목동이기 이전에, 또 이스라엘의 왕이기 이전에 하나님 앞에서 하나님을 닮은 영적 존재임을 깨달았습니다. 다윗은 엔게디에서 하나님을 경외하는 삶을 배웠을 뿐 아니라 자신의 정체성과 소명(召命)을 알게 되었습니다. 그것은 영적 존재로서 영적인 삶에 우선순위를 두고 살겠다는 고백이자 다짐인 것입니다. 그는 이런 고백을 자신의 인생 전성기에 있을 때 한 것이 아니라 도망자로 광야에 피신해 있을 때 하나님께 올려드릴 수 있었습니다.

하나님을 경외하는 것이 우리의 할 일

하나님이 하시는 일이 있고 우리가 해야 할 일이 있습니다. 성도인 우리가 해야 할 일은 하나님을 경외하는 것입니다. 우리가 하나님의 일을 하려고 애쓰다 보면 우리의 시각이 흐려집니다. 이것을 바르게 분별하는 법은 우리의 기도생활을 점검해보는 것입니다. 기도할 때 하나님의 응답과 하나님의 때를 기다리지 못하고 한탄하고 있지는 않습니까? 하나님을 원망하고 있지는 않습니까? 우리는 하나님을 제대로 경외하는 법을 배워야 합니다. 그것이 우리의 할 일입니다.

하나님이 다윗뿐 아니라 모든 그리스도인들에게 원하시는 것이 바로 이것입니다. 세상을 두려워하지 않고 하나님만을 경외하는 것입니다. 더 나아가 하나님은 우리가 하나님을 경외하고 하나님의 눈으로 이 세상을 바라볼 수 있도록 우리의 시각을 전환시키기를 원하십니다. 하나님께서 우리에게 광야를 허락하시는 것은 이 훈련을 시키시기 위해서입니다. 따라서 우리는 하나님의 뜻대로 우리의 삶이 하나님만을 경외하고 하나님의 눈으로 세상을 바라볼 수 있도록 우리의 시각에 영적인 전환이 일어나기를 구해야 합니다. 하나님께 이렇게 간구하십시오.

"하나님, 제게 하나님의 마음을 주옵소서. 제가 더 이상 제 안에 있는 분노와 화로 세상을 살지 않게 하여주옵소서. 저의 생각과 저의 계획으로 인생을 살지 않게 하여주옵소서. 아버지여, 하나님의 마음이 느껴지게 하여주옵소서. 하나님이 원하시는 것이 무엇인지 알게 하여주옵소서!"

이렇게 고백할 때 우리는 진짜 그리스도인이 될 수 있습니다.

광야 훈련에도 낙오자가 있다

성경에 나타난 광야 훈련의 사례를 통해 놀라운 사실 한 가지를 발견할 수 있습니다. 그것은 광야가 모든 사람에게 '하나님 경외하는 법'을 가르치는 것은 아니라는 사실입니다. 다시 말해, 모든 사람이 광야로 나간다 해서 100퍼센트 하나님을 만나는 것이 아니란 사실입니다. 이는 본문을 통해서도 알 수 있습니다.

엔게디 광야에는 다윗만 있었던 것이 아니라 사울도 있었습니다. 그런데 왜 사울은 다윗이 뜨겁게 만났던 하나님을 만나지 못했을까요? 왜냐하면 사울은 끝까지 자신의 목적을 위해 그 자리에 있었기 때문입니다. 자신의 계획과 목적을 위해 사는 사람은 광야의 시간과 하나님의 임재의 시간 속에서도 하나님을 만날 수가 없습니다.

이는 지금 우리가 평안하게 드리는 예배 가운데서도 동일하게 적용되는 믿음의 원리입니다. 동일한 시간에 동일한 장소에서 다 함께 예배를 드리고 있다 해도 모두가 하나님을 만나는 것은 아니란 말입니다. 당신의 인생에서 가장 중요한 것이 무엇입니까? 무엇을 위해 예배에 나오십니까? 우리는 하나님만을 경외해야 합니다. 하나님이 원하시는 삶을 택하는 진정한 거룩함을 배워야 합니다. 내 목적을 위해서 다른 무언가에게 함부로 절하는 것이 아닌 오직 하나님께만 나의 인생을 드리고 하나님만 경외해야 합니다. 그럴 때 우리의 인생이 변화되며, 하나님의 새로운 역사가 시작됩니다!

광야에서 훈련된 기도의 사람이 돼라!

당신의 기도 생활은 어떻습니까? 당신은 몇 년 동안 교회에 다녔습니까? 당신은 교회 다니면서 어떤 훈련을 받았습니까? 하나님과의 처절하고 고독한 시간을 갖고 있습니까? 기도의 깊은 영적 세계로 들어가기 위해 몸부림치고 있습니까? 예수님은 피가 땀처럼 흐를 정도로 기도하셨습니다. 당신은 그렇게 간구해보았습니까? 세상의 것을 위해서는 엄청난 에너지와 노력을 기울였을 텐데, 하나님을 경외하기 위해서는 얼마나 헌신하였습니까? 기도의 시간을 위해서는 얼마나 투자하였습니까? 기도 없이는 하나님의 뜻을 알 수 없습니다.

당신은 아마도 교회에서 열심히 봉사하고 있을 것입니다. 사람들은 당신을 보며 충성스러운 하나님의 일꾼이라고 추켜세울지도 모릅니다. 그런데 혹시 봉사가 기도 생활의 걸림돌이 되지는 않았습니까? 삶 속에서 하나님을 경외하는 마음이 사라지지는 않았습니까? 하나님이 내 삶 속에서는 아무런 일도 안 하시는 것 같지는 않습니까? 다른 사람의 하나님은 살아 계신 것 같은데, 나의 하나님은 살아 계신 것 같지 않다는 생각이 들지는 않습니까? 바로 지금이 기도의 줄을 잡을 때입니다. 진정한 회개를 통해 성령의 사람으로 변화될 때입니다!

하나님은 일 많이 하는 사람을 필요로 하지 않습니다. 유능한 사람도 필요로 하지 않습니다. 하나님은 '기도하는 사람'을 쓰십니다. 광야의 훈련을 통해 하나님만을 경외하는 사람을 쓰시는 것입니다. 하나님은 '큰 교회'를 필요로 하지 않습니다. 하나님은 크고 성도가 많은 교회라고 해서 사용하는 분이 아니십니다. 하나님은 '기도하는 교회'를 원하십니다. 교인 수나 규모에 관계없이 기도하는 교회를 원하십니다. 하나님 마음에 흡족한 사람들이 모여서 기도하는 그런 교회를 원하고 계십니다. 교회에 모여 기도하고 하나님 말씀을 붙잡고 나누며 골방에서 하나님과 일대일로 만나십시오. 그렇게 할 때 당신의 삶이 영적인 삶으로 변화될 것입니다. 우리가 영적인 존재임을 자각하며 살아가는 그 순간부터 당신 안에 계신 성령께서 역사하십니다.

하나님은 제게 호산나교회를 향한 목회의 비전을 주셨습니다. 사랑의 공동체, 웃음이 끊어지지 않는 공동체, 하나님의 능력과 임재가 있는 공동체, 시대적 사명을 감당하는 공동체, 위대한 믿음의 공동체를 만드는 것입니다. 위대한 믿음의 공동체는 광야 훈련을 통과한 하나님 마음에 맞는 사람들이 모이는 공동체입니다. 하나님의 비전을 성취하기 위해 교회는 기도의 집이 되어야 합니다. 저는 24시간 릴레이 기도가 이어지는 교회를 꿈꾸고 있습니다. 기도가 끊어지면 교회는 더 이상 교회가 아닙니다. 기도하지 않는 성도는 더 이상 참된 성도라 할 수 없습니다.

기도는 어렵습니다. 기도를 해보기 시작하면 기도가 어렵다는 사실을 금세 알게 될 것입니다. 집중하기 어렵습니다. 기도는 영적 싸움의 시작입니다. 기도는 노동입니다. 기도 가운데 하나님의 임재를 경험하기 전까지는 기도는 노동입니다. 몸을 쳐서 복종시켜야 합니다. 그러나 기도의 깊은 은혜를 맛보면 기도의 사람이 됩니다. 하나님 마음에 맞는 사람은 광야 훈련 중에 기도의 사람으로 변화합니다. 우리 모두 광야에서 변화된 인생이 되어 하나님이 쓰시는 사람이 되기를 바랍니다.

04

하 나 님 의 에 이 스 로 사 는 법

광야를 두려워하지 말고 받아들여라
그곳에서 하나님과 동행하라

01 거룩을 향한 감각은 광야에서 시작된다

광야에서 우리의 영적인 감각, 즉 거룩을 향한 감각이 예민해집니다. 대부분 평안한 시간에 참된 거룩이 나타나기란 쉽지 않습니다. 그래서 우리에게 광야의 시간이 필요한 것입니다. 세상의 것들이 귀에 들리지 않는 시간, 사방에 아무것도, 아무도 없는 철저한 고독의 시간이 필요합니다. 그래야 하나님께 집중할 수 있기 때문입니다.

02 '고독의 시간'을 반드시 확보하라

고독한 시간을 통해 거룩의 품성이 우리 안에 자랍니다. 거룩은 고독과 밀접한 관계가 있습니다. 하나님과 일대일로 만나는 고독한 시간을 일상 중에서 반드시 떼어놓으십시오. 이 시대를 깨우는 알람의 역할을 해야 하는 하나님의 백성에게 하나님의 음성과 뜻에 예민해지는 고독의 시간은 반드시 필요한 시간입니다.

03 광야를 두려워하지 말고 받아들여라

광야는 선택과목이 아닙니다. 광야는 하나님이 정하신 필수과목입니다. 그러니 지금 광야 가운데 있다면 어떻게 해야 빨리 이 광야를 벗어날 수 있을까 발버둥치지 마십시오. 광야를 받아들이고 그곳에서 성도로서의 삶을 사십시오. 하나님의 음성을 들으십시오. 그것을 위해 하나님이 주신 시간입니다.

CHAPTER 05

에이스가 사는 법
하나님의 방법대로 사는 자가 하나님의 사람이다

사무엘이 죽으매 온 이스라엘 무리가 모여 그를 두고 슬피 울며 라마 그의 집에서 그를 장사한지라 다윗이 일어나 바란 광야로 내려가니라 마온에 한 사람이 있는데 그의 생업이 갈멜에 있고 심히 부하여 양이 삼천 마리요 염소가 천 마리이므로 그가 갈멜에서 그의 양 털을 깎고 있었으니 그 사람의 이름은 나발이요 그의 아내의 이름은 아비가일이라 그 여자는 총명하고 용모가 아름다우나 남자는 완고하고 행실이 악하며 그는 갈렙 족속이었더라 다윗이 나발이 자기 양 털을 깎는다 함을 광야에서 들은지라 다윗이 이에 소년 열 명을 보내며 … 나발이 다윗의 사환들에게 대답하여 이르되 다윗은 누구며 이새의 아들은 누구냐 요즈음에 각기 주인에게서 억지로 떠나는 종이 많도다 내가 어찌 내 떡과 물과 내 양 털 깎는 자를 위하여 잡은 고기를 가져다가 어디서 왔는지도 알지 못하는 자들에게 주겠느냐 한지라 이에 다윗의 소년들이 돌아서 자기 길로 행하여 돌아와 이 모든 말을 그에게 전하매 다윗이 자기 사람들에게 이르되 너희는 각기 칼을 차라 하니 각기 칼을 차매 다윗도 자기 칼을 차고 사백 명 가량은 데리고 올라가고 이백 명은 소유물 곁에 있게 하니라

삼상 25:1-13

하 나 님 의 에 이 스

기회 있을 때마다 선을 행하라

앞에서 우리는 광야가 우리에게 반드시 필요한 훈련의 장소이자 하나님을 경험하는 중요한 장소임을 살펴보았습니다. 이제 다윗은 그 광야에서 자기를 따르던 젊은이들과 함께 선한 일을 시작했습니다.

광야는 자연적으로 일어나는 재해도 많지만, 범죄 발생율도 높은 곳입니다. 신약의 선한 사라마리인의 비유에서 볼 수 있듯이 광야는 나그네들이 자주 지나는 곳이며, 시편 23편의 말씀처럼 목자들이 양들과 함께 풀을 찾아 이곳저곳을 여행하며 지나는 곳이기도 합니다. 이 때문에 광야에는 이런 나그네들과 목자들을 노리는 강도들의 출몰

이 잦았습니다. 나그네들을 공격하고 가축을 빼앗고 때로는 그들을 죽이기까지 했습니다. 이런 상황을 본 다윗은 젊은이들과 함께 부대를 만들고 악한 범죄자들로부터 나그네와 목자들을 보호해주기 시작했습니다.

우리가 아는 것처럼, 다윗이 광야에 머물게 된 이유는 다른 사람들을 보호하기 위해서가 아니었습니다. 다윗은 자신의 목숨을 보존하기 위해 광야로 피신한 것입니다. 다윗은 도망자 신세였습니다. 그런 상황에서 누구를 도와준다는 것은 무척 어려운 일이었습니다.

상식적으로 생각해봐도, 다윗은 다른 사람을 도와줄 생각을 하기 전에 자신의 앞가림부터 해야 할 처지였습니다. 다른 사람을 도와줄 시간과 능력이 있으면 사울의 위협을 어떻게 극복해야 할지 고민하고 방법을 마련해야 하던 때였습니다. 그럼에도 불구하고 다윗은 어려운 처지에 놓인 사람들을 그냥 지나치지 않았습니다. 비록 자신의 목숨이 위협 받는 상황이었음에도 불구하고 타인의 어려움을 발견했을 때 적극적으로 선(善)을 베풀었던 것입니다.

하나님은 선을 행하는 자를 기뻐하십니다. 기회가 있을 때마다 선한 말을 하고 선을 행하면 하나님이 놀라운 복을 허락하십니다. 그러니 우리는 기회가 있을 때마다 선을 행하고, 지혜로운 말을 하며, 사람을 살리는 말과 행동을 하는 사람이 되어야 합니다. 하나님께서는 우리가 행한 선한 행동과 선한 말을 사용하시어 하나님의 기적을 이 땅에 풀어놓으실 것입니다.

화가 날 때 가만히 있어라

다윗이 그렇게 광야에서 지켜주던 목자들 중에는 나발의 목자들도 있었습니다. 나발은 갈렙 족속의 사람으로 양 3천 마리, 염소 1천 마리를 소유한 상당히 부유한 사람이었습니다. 또한 그에게는 아비가일이라는 용모가 무척 아름답고 총명한 아내가 있었습니다.

그러던 어느 날 나발이 갈멜에서 양들의 털을 깎게 되었습니다. 이스라엘에서 양털 깎는 날은 잔칫날이었습니다. 양털은 그 주인에게 중요한 수입원이었기 때문입니다. 나발의 양이 3천 마리였으니, 잔치도 보통 잔치가 아니었을 것입니다. 나발은 양털을 깎는 사람들과 모인 사람들을 위해 많은 떡과 고기를 준비하여 잔치를 베풀었습니다.

이 소식을 들은 다윗은 비록 자신들이 초대를 받지는 못했지만 그동안 그의 목자들과 가축들을 보호해준 일이 있으니 찾아가면 떡과 고기를 나눠줄 것이라고 생각했습니다. 광야에서 생활하고 있던 다윗과 일행들에게는 먹을 것이 무척 귀했습니다. 그러니 나발의 잔치 소식은 그들에게 더없이 반갑고 좋은 소식이었을 것입니다. 다윗은 나발에게 사람들을 보내 음식을 받아 오도록 했습니다. 그런데 다윗의 사환들은 나발로부터 뜻밖의 대접을 받게 됩니다.

나발이 다윗의 사환들에게 대답하여 이르되 다윗은 누구며 이새의 아들은 누구냐 요즈음에 각기 주인에게서 억지로 떠나는 종이 많도다 내가 어찌 내 떡과 물과 내 양 털 깎는 자를 위하여

잡은 고기를 가져다가 어디서 왔는지도 알지 못하는 자들에게
주겠느냐 한지라 삼상 25:10,11

나발은 마음과 성품이 무자비하고 악한 사람이었습니다(삼상 25:3 참조). 자신의 목자들에게까지 "불량한 사람"(삼상 25:17)이라고 불릴 정도였습니다. 마음이 악한 사람은 기회가 있을 때마다 악행을 저지릅니다. 나발 역시 선은 결단코 행하지 않으리라 작정한 사람처럼 일언지하에 다윗의 요청을 거절합니다. 정중하게 거절한 것도 아닙니다. 다윗이 자기의 목자들을 도왔던 모든 호의를 다 들었음에도 불구하고 다윗의 요청을 무시했을 뿐 아니라 다윗을 조롱하기까지 했습니다.

이 말을 들은 다윗은 분노가 머리끝까지 치밀어 올랐습니다. 그래서 다윗은 나발뿐 아니라 그의 온 가족을 다 죽이기로 작정했습니다. 유진 피터슨은 이 사건에 대해 "나발의 야비함이 다윗 속에 있던 야비함을 건드렸다"라고 표현했습니다. 나발의 야비함이 다윗에게 악영향을 준 것입니다. 그것이 다윗의 죄성을 불러일으킨 것입니다.

하나님의 은혜로 구원 받은 그리스도인들 안에는 선한 마음도 있지만, 죄성 역시 여전히 남아 있습니다. 그래서 때때로 어떤 사람이나 환경을 만나게 되면 그 영향을 받아서 선한 성품이 나오기도 하고 때로는 악한 성품도 드러나게 되는 것입니다.

다윗은 지금 나발로 인해 자신 안에 잠자고 있던 죄성에 사로잡혔습니다. 치밀어 오르는 분노로 이성을 잃고 말았습니다. 아무리 영적

인 사람이라 해도 이성을 잃으면 영적 감각을 잃게 됩니다. 그렇기 때문에 우리는 화가 났을 때 하는 행동이나 말이 대부분은 하나님의 뜻과 반대라는 사실을 기억하고 주의해야 합니다.

아무리 온유하고 이성적인 사람이라도 분노 앞에서는 변하기 마련입니다. 하나님께 이 땅의 모든 사람보다 온유한 자라는 인정을 받았던 모세도 분노로 말미암아 하나님의 말씀을 지키지 못하는 잘못을 저질렀습니다(민 12:3 참조). 그렇다면 분노가 치밀어 오를 때 우리는 어떤 태도를 취해야 할까요?

가장 지혜로운 방법 중 하나는 가만히 있는 것입니다. 분노가 일어날 때 이성적으로 생각하여 지혜롭게 행동하는 일은 무척 어렵습니다. 일단 무엇이 이성적이며 지혜로운지 판단하는 것조차 불가능하기 때문입니다. 자신은 자신이 이성적으로 행동하고 있다고 믿고 있지만, 나중에 돌아보면 이미 이성을 잃고 하나님의 방법과는 거리가 먼 행동과 말을 쏟아내고 있는 경우가 많습니다.

그러나 분노가 치밀어 오를 때 아무것도 행하지 않고 가만히 있으면 하나님의 뜻을 거스르는 악행을 막아낼 수 있습니다. 또한 우리가 하나님의 뜻을 기다리며 가만히 있으면 하나님께서 친히 우리를 세우시고 하나님의 방법을 우리 삶에 드러내주십니다.

분노를 쌓아두지 말라

여기서 한 가지 짚고 넘어가야 할 중요한 사실이 있습니다. 다윗은 어떤 사람이었습니까? 그는 엔게디에서 사울을 죽일 수 있는 기회가 있었지만 죽이지 않았습니다. 자신을 죽이려고 혈안이 되어 쫓아다니는 사울을 죽이지 않고 하나님께 맡기는 위대한 결정을 내린 사람이 다윗이었습니다. 사울의 경우와 비교해보면 나발과의 일은 오히려 사소한 사건에 불과합니다. 그런데 다윗은 왜 이 같은 사소한 일에 이성을 잃고 분노에 휩싸였을까요? 아마도 그것은 다윗이 자기 마음의 억울함을 해결하지 못했기 때문일 것입니다.

다윗은 내심 사울이 "다윗이 사울을 해치려고 한다"는 사람들의 모략만 듣고 아무 죄 없는 자기를 죽이기 위해 쫓아다니는 것이 억울했을 것입니다. 그 억울함이 다윗의 마음 깊은 곳에 해결되지 않은 채 쌓여 있었습니다. 억울함이 해결되지 못하니까 마음에 분노가 쌓인 것입니다.

사람은 분노가 해결되지 못하고 마음에 가득 차게 되면 꼭 실수를 하게 됩니다. 다른 사람들의 말만 듣고 자신을 죽이려고 쫓아다닌 사울 왕을 인내로 대했던 다윗이 나발의 무시와 조롱에 폭발했습니다. 분노 때문에 다윗은 졸지에 믿음의 대인배에서 소인배가 되어버렸습니다. 그러므로 우리는 분노가 쌓이지 않도록 해야 합니다. 마음에 억울함이나 분노가 생길 때는 하나님께 기도하십시오. 마음에 담아두지 마십시오.

그러나 많은 사람들이 "분노를 마음에 담아두지 말라"는 말을 오해하여 다른 사람에게 그 분노를 쏟아놓거나 험담하는 경우가 있습니다. 그러나 그렇게 하면 말하고 있는 동안만 후련합니다. 돌아서면 '저 사람이 날 어떻게 생각할까? 다른 사람에게 말하면 어떻게 하지?' 하는 걱정에 시달릴 뿐 근원적인 문제 해결은 되지 않습니다.

성도는 사람이 아닌 하나님께 우리의 마음을 토로해야 합니다. 하나님이 역사하셔서 우리의 마음을 시원하게 해주실 때까지 기도해야 합니다. 그리고 분노의 대상을 용서할 수 있도록 해달라고 기도해야 합니다. 그래서 분노로 말미암아 무뎌진 영적 감각을 새롭게 일깨워야 합니다.

용서할 때 영성이 살아난다

우리는 하나님의 값없는 사랑을 받았으므로 마땅히 용서해야 합니다. 또한 우리 자신의 영성을 위해서도 미워하는 대상을 용서해야 합니다. 우리 마음에 다른 사람을 향한 용서가 없고 미움이 있으면 우리의 영적 감각은 무뎌집니다. 사탄에게 공격의 실마리를 제공하는 틈을 내주는 것이기도 합니다. 그러므로 아무리 커다란 상처를 준 사람이 있다 해도 우리는 용서로 극복해야 합니다.

우리는 대부분 가장 가까운 사람으로부터 상처를 받곤 합니다. 사실 나와 전혀 상관없는 사람에게서 상처를 받는 경우는 거의 없습니다. 가장 가까운 남편에게서, 아내에게서, 때로는 부모와 자식 간에 상처를 주고받는 경우가 있지요. 가장 평안한 곳이 '가정'이지만, 그렇다고 언제나 좋기만 한 것도 아닙니다. 가정 안에서 가장 치열한 감정

다툼이 일어날 수 있기 때문입니다. 특히 부부 간에는 결혼이 후회될 정도로 심한 상처를 주고받기도 합니다. 하지만 용서하기 바랍니다. 결혼은 하나님 앞에서의 언약입니다. 만약 용서할 수 없을 때는 하나님 앞에 기도하고 가슴에 담아두지 않도록 해야 합니다. 영어에 'forgive and forget!'(용서하고 잊다)이란 말이 있습니다. 우리도 용서하고 잊어야 합니다!

그러나 우리는 분노를 일으키는 대상에 대해 용서를 구하는 기도를 하기가 쉽지 않습니다. 그 이유는 본래 용서가 쉽지 않은 것이기도 하지만, 우리가 '용서'라는 단어를 오해하기 때문인 경우도 많습니다. 많은 사람들이 '용서'를 '사랑하고 친하게 지내야 한다'는 의미로까지 받아들입니다. 예수님이 "원수를 사랑하라"고 말씀하셨기 때문에 용서하고 나면 그 사람과 매일 마주 대하고 친밀하게 지내야 한다고 생각하는 경우가 많습니다. 그런데 아무리 고민해도 그 사람과는 절대 친하게 지내고 싶지 않습니다. 그래서 용서 자체를 안 하려는 것입니다.

하지만 "원수를 사랑하라"는 말씀의 의미는 "원수와 친하게 지내라"는 의미가 아닙니다. 그러니 '그 사람과 매일 만나고 친하게 지내야 한다'는 부담스러운 생각은 하지 않아도 좋습니다. "원수를 사랑하라"는 말씀은 하나님의 사랑으로 그 사람을 바라보라는 의미입니다.

아마 모든 사람에게 용서해야 할 사람이 한 사람씩은 있을 것입니다. 지금 당장 하나님께 기도하기 바랍니다. 하나님이 해결해주실 것입니다. 성령께서 당신의 마음에서 미움을 제하시고 미움이 남긴 상처를 치유하실 것입니다. 그러므로 "하나님, 제가 그 사람을 용서하겠습니다"라고 용기를 내어 고백하십시오. 그 입술의 고백이 하나님의 능력을 덧입게 할 것입니다. 우리의 영성이 살아날 것입니다.

하나님이 사용하시는 에이스

다윗을 조롱한 나발의 행동에 놀란 목자들이 나발의 아내 아비가일을 찾아왔습니다. 아비가일이 현명하고 지혜로운 여인임을 목자들이 알았기 때문입니다. 목자들은 아비가일에게 다윗과 나발 사이에 일어난 모든 일의 자초지종을 설명합니다. 그리고 아비가일에게 문제를 해결해달라고 간청합니다.

그런데 여기서 중요한 사실 한 가지를 알 수 있습니다. 목자들이 아비가일을 찾아와서 문제의 해결을 부탁했다는 사실이 지금 생각하기에는 별 일 아닌 것 같아 보이지만, 당시로서는 무척 드문 일이었습니다. 그 당시 이스라엘에서 여자는 사람의 수(數)에도 들지 않았을 정도로 지위가 낮았기 때문입니다. 부인은 남편의 재산 목록 중 하나에 불과했을 정도였지요. 그런데 목자들이 그런 아비가일에게 찾아와서 문제의 해결을 요청한 것입니다. 한 가문의 위기를 해결해야 하는 중대한 임무가 아비가일에게 맡겨진 것입니다.

이 사실을 통해 우리는 하나님께서는 세상의 눈으로 볼 때 중요한 사람보다 하나님 앞에 지혜 있는 사람을 사용하신다는 사실을 깨달을 수 있습니다. 지혜 있는 사람이 위급 시에 하나님이 들어 쓰시는 하나님의 에이스인 것입니다. 우리가 아무리 돈도 지위도 없고 명예도 건강도 없는 보잘것없는 사람이라 할지라도 우리의 마음이 하나님의 마음에 흡족하다면 하나님께서는 우리를 사용하십니다. 하나님은 약한 자를 들어 강한 자를 부끄럽게 하신다고 말씀하셨습니다. 이 말씀이 이 땅에서 사는 우리에게 소망의 근거가 됩니다.

세상의 기준으로 볼 때 우리는 약하고 소망이 없어 보일 수 있습니다. 우리 힘으로는 감당할 수 없는 큰 문제들에 날마다 직면할 수도 있습니다. 그러나 우리가 하나님 앞에서 온전하고 겸손한 마음과 영성을 겸비하고 있다면, 하나님께서는 우리를 사용하시어 큰 역사를 이루실 것입니다. 하나님은 능력 있는 사람을 필요로 하지 않으십니다. 하나님은 세상 기준으로 소위 '잘 나가는' 사람을 찾지도 않으십니다. 다만 하나님은 아비가일과 같은 지혜 있는 사람을 찾으십니다.

성경은 지혜와 지식의 근본이 하나님을 아는 것이라고 말하고 있습니다. 날마다 하나님을 더 알아가기 바랍니다. 말씀과 기도와 순종의 삶을 통해 하나님을 더욱 깊이 알아가기 바랍니다. 하나님을 아는 지혜와 지식으로 말미암아 하나님 보시기에 아름다운 사람, 하나님이 사용하시는 하나님의 에이스가 되기 위해 힘쓰시기 바랍니다!

악한 자를 다스리는 분도 하나님이시다

목자의 말을 들은 아비가일은 급히 떡 이백 덩이와 포도주 두 가죽

부대와 잡아서 요리한 양 다섯 마리와 볶은 곡식 다섯 세아와 건포도 백 송이와 무화과 뭉치 이백 개를 가져다가 나귀 등에 싣고 다윗에게로 달려갑니다. 그리고 다윗 앞에 엎드려 간청합니다. 아비가일의 지혜가 발휘되는 순간입니다.

아비가일은 다윗 앞에서 먼저 자기 남편의 과오를 인정합니다. 그리고 나발의 과오가 그의 성품 때문이었음을 다윗에게 말해줍니다. '나발'이란 이름은 '어리석은 자'란 뜻입니다. 아비가일은 다윗에게 나발이 그 이름의 뜻과 같이 어리석은 행동으로 이전부터 주위 사람들에게 불량했던 사람이니 분노를 거두어달라고 간청합니다. 이 과정에서 무엇보다 아비가일의 지혜가 빛을 발한 것은, 다윗의 손으로 타인의 피를 흘리는 보복을 막게 하기 위해서 하나님이 자신을 보내셨다는 사실을 깨닫게 한 것입니다.

하나님은 아비가일을 통해 다윗에게 이 땅의 모든 사람을 다스리는 분이 하나님이심을 깨닫게 하셨습니다. 평소에 하나님을 잘 섬기던 사람들도 이 땅을 다스리는 분이 하나님이심을 곧잘 잊어버립니다. 그리고 나발과 같이 어리석은 행동으로 하나님 앞에 불량한 사람이 되어 버립니다. 그러므로 우리는 잊지 말아야 합니다. 하나님은 선한 사람들뿐 아니라 악을 행하는 자들도 다스리는 분이십니다. 다른 사람을 향한 분노로 속이 뒤집어질 지경일지라도 우리는 그들을 다스리시는 하나님을 기억하며 우리의 영성을 지켜야 합니다.

분노가 가득하면 선을 행할 수 없습니다. 분노는 우리의 영적 감각을 무디게 만듭니다. 이성을 잃어버리면 하나님 앞에 기도하고 말씀을 묵상할 수 없습니다. 그러니 이성을 잃어버릴 만한 일이 생기고 마음이 분노로 가득 찰 때에는 행동을 멈추고 잠잠히 하나님을 바라볼 수 있어야 합니다. 하나님 앞에서 나의 마음을 붙들어달라고 기도해야 합니다. 하나님 앞에 무릎 꿇고 있으면 하나님께서 하나님의 때에 우리의 상처를 친히 만지시고 회복시켜주실 것입니다.

보복은 하나님께 맡겨라

하나님은 죄에 대해 벌하시는 분이십니다. 그러니 스스로 무언가를 하려고 하지 말고 하나님께 맡기기 바랍니다. 때로는 악한 사람에 대한 하나님의 징벌이 우리의 생각대로 이루어지지 않을 때도 있습니다. 하나님의 방식은 우리의 생각과 방식을 뛰어넘습니다. 분노를 참고 기도하며 기다리면 하나님이 그 사람을 벌하실 것으로 생각했는데, 오히려 그 사람은 악을 행하고도 잘사는 모습을 봅니다. 그러면 우리는 하나님께 하박국처럼 하소연합니다.

"하나님, 악한 사람들이 잘살고 있지 않습니까?"

그리고 '하나님이 벌주지 않으시니 내 손으로 해결해야겠다'는 생각을 하게 됩니다. 그러나 우리는 이런 생각마저도 조심해야 합니다. 심판은 하나님의 일입니다. 하나님이 우리에게 원하시는 것은 우리의 영성을 지키고 온전한 신앙생활을 하는 것입니다. 우리에게 가장 중요한 것은 우리 영혼의 상태입니다. 우리의 마음을 악한 사람에게 빼앗겨서는 안 됩니다. 마음을 빼앗기면 영적 전투에서 지는 것입니다. 우리 마음의 중심, 영혼의 상태를 늘 건강하게 유지하도록 치열하게 노력하고 보호해야 합니다.

하나님의 싸움을 하라

우리는 원수에 대한 보복은 물론 판단까지도 하나님께 맡겨야 합니다. 그러면 하나님께서 모든 문제를 책임져주십니다. 이것이 그 백성을 향한 우리 하나님의 약속입니다. 우리는 그 약속을 믿고 우리의 싸움이 아닌 하나님의 싸움을 싸우면 되는 것이지요. 하나님의 싸움을 싸운다는 뜻은 나의 삶을 믿음으로 살아내는 싸움을 한다는 뜻입니다. 이 세상을 하나님의 이름으로 살아내는 믿음의 싸움입니다. 세상은 온통 자기 소견에 옳은 대로 살아가고 있을지라도 나는 하나님의 뜻을 따라 살겠노라는 싸움입니다.

하나님의 이름을 드러내기 위한 삶을 사는 하나님의 싸움을 감당하면 우리의 모든 문제는 하나님이 책임져주십니다. 이것이 하나님의 백성을 향한 하나님의 뜻입니다. 다윗은 그러한 삶을 살았고, 아비가일은 그런 다윗의 삶을 들어서 알고 있었습니다. 그래서 아비가일은 다윗에게 여호와의 이름을 위하여 악을 행하기를 멈출 것을 간청하는 것입니다.

우리는 많은 시간을 우리 앞에 닥친 문제들을 해결하는 데 사용합니다. 그러나 하나님은 하나님의 백성들이 하나님의 기쁨을 위하여 살아가기를 원하십니다. 여호와의 이름을 드러내는 삶을 살기를 원하십니다. 때로는 희생을 치르는 아픔을 겪더라도, 나의 자존심이 상하더라도 하나님을 위해 나를 내려놓아야 합니다. 우리의 삶이 우리에게 닥친 문제가 아니라 하나님을 위해 살기 시작할 때, 우리의 상식을 초월한 방식으로 문제들이 해결되는 것을 보게 될 것입니다. 하나님의 놀라운 역사를 보게 될 것입니다.

하나님이 행하신다

한 열흘 후에 여호와께서 나발을 치시매 그가 죽으니라 삼상 25:38

이렇게 갑작스럽게 나발이 죽으리라고 상상이나 한 사람이 있었을까요? 그런데 나발이 죽었습니다. 하나님이 그를 치신 것입니다. 성경을 읽는 우리에게는 당연하게 보일지 모르겠지만, 다윗과 아비가일에게는 하나님의 일하심을 분명히 경험하는 사건이었을 것입니다.

하지만 여기서 한 가지 더 생각해야 할 것은, 나발처럼 악을 행한 사람이 열흘 후에 하나님의 치심으로 죽게 된 것이 심판의 전부가 아니라는 사실입니다. 우리는 악한 사람이 눈에 보이는 벌을 받아야 심판이라고 생각합니다. 그러나 가장 무서운 벌은 유기입니다. 악한 길로 걸어가도록 그냥 내버려두는 것이 가장 큰 벌이라는 것입니다.

세상에서 제일 불쌍한 사람은 회개하지 않는 사람입니다. 자신이 잘못했으면서도 잘못한 줄을 모르는 사람은 뻔뻔한 사람이 아니라 불쌍한 사람입니다. 하나님을 믿는 우리도 회개를 잃어버리면 불쌍한 인생이 되고 맙니다. 회개의 눈물이 마르고 참회의 부르짖음이 사라졌다면 자신이 혹시 교만의 늪에 빠진 것은 아닌지 눈을 크게 뜨고 스스로를 살펴야 할 것입니다. 예수님을 믿는다면서도 내 삶에 회개가 없다면 내가 진짜 구원 받은 '진정한 그리스도인'인지 심각하게 자신을 돌아봐야 합니다.

진정한 회개의 기도를 드리는 사람은 다른 사람의 악에 대해서도 용서할 수 있습니다. 예수 그리스도의 용서를 경험한 사람이기에 타인의 죄에 대해서도 용서할 수 있는 것입니다. 우리가 용서할 사람은 멀리 있지 않습니다. 사실 가까이 있고 자주 만나는 사람이 더 용서하기가 쉽지 않습니다. 많은 주부들이 시누이나 시어머니를 용서하지 못해 가슴에 분노를 품은 채 살아갑니다. 남편이나 부모를 용서하기가 죽기보다 힘든 사람도 있을 것입니다. 그러나 죽음으로 나의 죄를 용서하신 예수님을 생각하면 용서할 수 있습니다. 하나님의 다스리심을 기억하며 용서의 마음을 달라고 간절히 기도하십시오. 하나님이 당신을 붙드십니다.

저 같은 경우에는 학창시절에 저를 무척 싫어하셨던 선생님 한 분이 있었는데, 오랫동안 그 분을 용서하기가 어려웠습니다. 그러나 이제 와서 돌아보면, 그 선생님 때문에 저는 좋은 학교를 세우고 싶다는 꿈을 가질 수 있었습니다. 청소년 사역에 대한 꿈도 생겼습니다. 저에게 그 선생님이 안 계셨더라면 청소년 사역이나 학교에 대한 꿈은 없었을지도 모릅니다. 그렇게 생각하면 그 선생님에게 고마운 생각까지 듭니다.

세상에 모든 일은 다 좋은 것도 없고 다 나쁜 것도 없는 것 같습니다. 정말 좋은 일이 생겼다 하더라도 다른 측면으로는 또 다른 근심을 만들기도 합니다. 반대로 정말 나쁜 일이 생겼다 하더라도 어떤 면에서는 나에게 긍정적인 영향을 주기도 합니다. 세상의 모든 일이 그렇습니다. 우리에게 일어난 모든 일에는 다 나쁜 일이 없다는 믿음으로, 하나님이 모두 갚아주신다는 믿음으로 용서할 수 있어야 합니다. 하나님의 마음에 맞는 사람은 용서하는 사람입니다!

나발 같은 인생 vs 아비가일 같은 인생

다윗이 만약 아비가일을 만나지 못했더라면 어땠을까요? 아마도 다윗 정도라면 복수에 성공했을 것입니다. 그러나 그의 인생은 성공에서 멀어졌을 것입니다. 다윗과 나발의 이야기를 통해 우리가 기억해야 할 것은, 다윗은 나발과 아비가일에게 각각 나쁜 영향과 좋은 영향을 받았다는 사실입니다. 자신을 죽이려고 하는 사울을 용서했던 다윗이 나발로 인해 그 마음에 분노가 일어났습니다. 반면 아비가일을 만남으로 다윗은 그 분노를 잠재울 수 있었고 자신의 잘못과 하나님의 뜻을 깨달을 수 있었지요.

우리도 살아가는 동안 수많은 사람들을 만나게 될 것입니다. 만남을 통해 영향을 받고 또 영향을 끼치게 될 것이지요. 우리는 결코 나발과 같은 영향력을 끼쳐서는 안 됩니다. 우리가 만나는 모든 사람에게 아비가일과 같은 존재가 되어야 합니다.

우리가 만나는 가족과 친척과 이웃과 동료가 우리로 말미암아 하나님의 음성을 듣고 하나님의 뜻을 알게 되는 은혜가 있기를 바랍니다. 한 번밖에 못 사는 인생, 나발 같은 어리석은 인생이 아니라 아비가일과 같은 지혜로운 인생을 살아야 하지 않겠습니까? 우리의 마음에 담은 미움의 대상을 용서해야 합니다. 친하게 지낼 수 있으리라는 자신감은 없어도 좋습니다. 그러나 하나님을 의지하여 입술로 선포하십시오.

"하나님, 제가 그 사람을 용서합니다. 하나님이 저를 용서하신 것처럼 저도 그 사람을 용서합니다."

하나님 앞에서 내려놓으십시오. 그러면 하나님이 도와주실 것입니다. 보복은 하나님이 하십니다. 심판은 하나님께 맡기고 우리는 우리의 할 일, 곧 하나님의 뜻을 좇아 우리의 영적인 삶을 가꾸고 지키는 책임을 다해야 합니다.

기도의 능력을 받기 위해

우리가 과거에 붙잡혀 살고 과거의 분노에 묶여 있으면 우리의 영성은 점점 메말라갈 것입니다. 가끔씩 성도들이 자기도 기도를 잘하고 싶은데 잘 안 된다고 상담을 해오는 경우가 있습니다. 그런 경우에는 보통 두 가지 문제가 있는 것을 봅니다.

첫째는 너무 오랫동안 기도를 하지 않았기 때문에 기도가 잘되지 않는 경우입니다. 그것은 기도하면 됩니다. 기도를 시작하는 것이 문제의 해결 방법이지요. 기도의 시간을 가지십시오. 기도의 자리로 나오십시오. 그때부터 문제가 해결됩니다. 중요한 것은 끊임없이 지속적으로 기도하는 것입니다.

두 번째 경우는 과거의 분노에 붙들려 있어서 그것이 마음의 쓴뿌리가 되어 기도를 막고 있는 경우입니다. 이때는 회개하며 용서할 수 있는 능력을 달라고 기도해야 합니다. 이것이 능력 있는 기도생활의 비결입니다. 용서할 때 우리 안의 막힌 담이 무너지고 기도가 되기 시작합니다.

교회는 기적의 현장이 되어야 합니다. 가장 큰 기적은 우리 안의 쓴뿌리가 해결되고 용서하지 못하던 사람을 용서하게 되는 것입니다. 우리가 기도하며 구하면 성령님이 행하여주실 것입니다. 우리가 용서할 수 있는 능력을 구할 때 하나님께서 긍정적인 힘과 위로와 영향력을 가진 아비가일과 같은 사람으로 세워주실 것입니다. 회개와 용서의 기도를 통해 하나님이 우리 자신을 자유롭게 하실 것입니다. 하나님 안에서 참된 자유를 누리십시오! 용서의 참된 기쁨을 누리십시오!

05

하 나 님 의 에 이 스 로 사 는 법

보복은 하나님께 맡겨라, 하나님의 뜻을 따라 기회 있는 대로 선을 행하라

01 기회 있을 때마다 선을 행하라

다윗은 고난의 시간이었던 광야에서 선한 일을 시작했습니다. 다윗 자신이 도망자 신세였음에도 불구하고 그 시간을 자신의 목숨을 부지하는 데만 집중하지 않고, 다른 사람을 섬기며 선한 일을 도모한 것입니다. 하나님은 선을 행하는 자를 기뻐하십니다. 우리는 기회가 있을 때마다 선을 행하고 선한 말로 하나님의 뜻을 좇아야 합니다.

02 죄성을 깨우는 통로가 되지 말고 하나님의 뜻을 일깨우는 통로가 돼라

악한 사람의 악은 다른 사람의 잠자고 있던 악을 깨웁니다. 우리는 이렇듯 다른 사람의 악한 죄성을 깨우는 통로로 쓰임 받아서는 안 됩니다. 나발은 다윗 안에 있던 야비함을 일깨웠던 반면, 그의 지혜로운 아내였던 아비가일은 다윗의 분노를 잠재우고 하나님의 뜻을 일깨웁니다. 우리가 만나는 모든 사람에게 아비가일과 같이 하나님의 뜻을 일깨우는 존재가 되기를 소원해야 합니다.

03 나의 싸움은 하나님께 맡기고 하나님의 싸움을 싸워라

우리는 원수에 대한 보복은 물론 판단까지도 하나님께 맡겨야 합니다. 그러면 하나님이 모든 문제를 책임져주십니다. 이것이 우리를 향하신 하나님의 뜻입니다. 우리는 하나님의 약속을 믿고 우리의 싸움이 아닌 하나님의 싸움을 싸우면 되는 것입니다. 하나님의 싸움을 싸운다는 것은 나의 삶을 믿음으로 살아내는 싸움을 한다는 뜻입니다. 세상은 온통 자기 소견에 옳은 대로 살아가고 있을지라도 나는 하나님의 뜻을 따라 살겠노라는 싸움입니다.

CHAPTER 06

하나님 사람의 행동 기준
감정에 반응하지 말고 하나님께 반응하라

다윗이 전에 피곤하여 능히 자기를 따르지 못하므로 브솔 시내에 머물게 한 이백 명에게 오매 그들이 다윗과 그와 함께 한 백성을 영접하러 나오는지라 다윗이 그 백성에게 이르러 문안하매 다윗과 함께 갔던 자들 가운데 악한 자와 불량배들이 다 이르되 그들이 우리와 함께 가지 아니하였은즉 우리가 도로 찾은 물건은 무엇이든지 그들에게 주지 말고 각자의 처자만 데리고 떠나가게 하라 하는지라 다윗이 이르되 나의 형제들아 여호와께서 우리를 보호하시고 우리를 치러 온 그 군대를 우리 손에 넘기셨은즉 그가 우리에게 주신 것을 너희가 이같이 못하리라 이 일에 누가 너희에게 듣겠느냐 전장에 내려갔던 자의 분깃이나 소유물 곁에 머물렀던 자의 분깃이 동일할지니 같이 분배할 것이니라 하고 그 날부터 다윗이 이것으로 이스라엘의 율례와 규례를 삼았더니 오늘까지 이르니라

삼상 30:21-25

하 나 님 의 에 이 스

기준이 되는 삶

우리가 사는 이 시대는 기준이 흔들리는 시대입니다. 무엇이 옳고 그른지 확실하게 구별하기 어려운 일들이 부지기수로 벌어지고 있습니다. 그러다 보니 어떻게 살아야 할지, 어떤 선택을 해야 할지 고민스러울 때가 한두 번이 아닙니다. 사회 정의 같은 거창한 문제만 그런 것이 아닙니다. 가끔씩은 예배를 드리러 교회에 갈 때도 마음속에서 수많은 갈등이 일어나지 않습니까?

'오늘은 피곤한데 교회 안 가도 되지 않을까? 주일예배만 드리면 됐지 수요일까지 교회를 뭐 하러 가? 감기 걸려서 아픈데, 교회는 다음

주에 가면 되겠지.'

　이런 갈등들 말입니다. 예배에 대한 기준이 흔들리는 것입니다. 하나님이 은혜를 베푸셔서 예배에 대한 열정을 주셨기에 망정이지, 그러지 않았다면 우리는 이런 핑계 저런 핑계를 대면서 예배의 기쁨은 평생 누려보지도 못할지 모릅니다. 그러나 늘 이렇게 갈팡질팡 하는 분들만 있는 것이 아닙니다. 목회를 하다 보면 삶과 신앙생활의 기준을 제시하는 분들이 종종 있습니다.

　저희 교회 어떤 분은 교통사고를 당해서 병원에 입원해 계셔야 하는데도 불구하고 예배를 통해 부어주시는 하나님의 은혜를 사모하여 예배당에 와서 앉아 계십니다. 또 어떤 안수집사님은 암으로 투병 중이신데도 예배 때마다 빠지지 않고 와서 예배를 드리십니다. 이런 분들은 모든 성도들을 향해 "예배하는 마음은 이런 것이다"라는 기준을 제시하는 분들입니다.

　저는 우리 교회가 한국의 많은 교회들을 향해 하나님의 기준을 제시하는 교회가 되었으면 좋겠다는 꿈을 가지고 있습니다. 우리 교인만을 위한 공동체가 아닌 힘들고 어려운 이웃들이 언제든 와서 쉼을 얻고 돌아갈 수 있는 푸른 나무 같은 교회가 되었으면 좋겠습니다. 민족을 가슴에 품고 열방을 가슴에 안는 교회가 되기를 소원합니다. 특히 물질적으로 어려운 이웃들을 돕는 교회, 꿈은 있지만 기회가 없는 다음세대들에게 기회를 제공하는 교회, 작은 교회를 섬기는 목회자와 사모님을 위로하고 그 분들과 함께 걸어가는 교회가 되기를 소원합니다. 그래서 이 땅의 많은 교회에게 교회의 참 모습에 대한 기준을 제시하는 교회가 되기를 간절히 바라고 기도하며 애쓰고 있습니다.

인본주의적인 사상 안에서 '절대 선'이 없다고 하는 이 시대에 당신은 어떤 삶을 살고 있습니까? 혹시 내가 처한 환경에 따라, 내 감정에 따라 선과 악의 기준이 흔들리지는 않습니까? 진리의 기준을 따라 사는 삶이 아닌 이익을 따라 사는 삶을 좇고 있지는 않습니까? 옳은 일이 아닌 것을 알면서도 개인적인 이익 앞에서 모른 척 눈을 감고 있지는 않습니까? 기준대로 살면 어리석다는 비웃음을 사기 일쑤인 이 시대에 우리는 어떻게 살아야 좋은 것일까요?

번지수를 잘못 찾은 분노

본문의 배경이 되는 사무엘상 30장은 다윗이 사울을 피하여 가드 왕 아기스에게로 피신했던 때의 이야기입니다. 당시 다윗에게는 6백 명의 부하들이 있었습니다. 다윗과 그의 부하들에게는 모두 가족이 있었기 때문에 살 곳이 필요했습니다. 그래서 다윗은 아기스 왕에게 시글락이라는 성읍에서 살도록 허락을 받고 그곳에서 공동체 생활을 시작했습니다.

다윗과 함께한 부하들은 아말렉을 침공하여 승리를 거둘 만큼 훈련이 잘된 군사들이 되었습니다. 그때 블레셋이 이스라엘과 전쟁을 하기 위해 군대를 모집했는데, 다윗과 그의 부하들은 가드 왕 아기스의 호위대로 함께 전쟁터에 나가게 되었습니다. 하지만 다른 블레셋 수

령들이 이스라엘의 영웅이었던 다윗을 기억하고 그가 이스라엘 편으로 돌아서서 자신들의 대적이 될 것을 염려하여 전쟁에 참여하지 못하게 하고 돌아가게 했습니다(삼상 29장 참조).

그런데 그때 시글락에서는 큰 문제가 발생했습니다. 다윗과 그의 부하들이 전쟁터에 나간 사이 아말렉 사람들이 쳐들어 와서 시글락을 불태우고 여자들과 아이들을 포로로 잡아간 것입니다. 전쟁터에서 돌아온 다윗과 그의 부하들은 처참한 그 상황을 보고 하늘이 무너지는 것 같았을 것입니다. 그들은 더 이상 울 기력이 없도록 소리 높여 울었습니다.

그러다 어느 순간 갑자기 다윗의 부하들이 다윗을 원망하기 시작했습니다. 그 원망은 분노로 바뀌었고, 분노는 다윗을 돌로 쳐 죽이자는 여론을 형성하기까지 이르렀습니다.

> 백성들이 자녀들 때문에 마음이 슬퍼서 다윗을 돌로 치자 하니
> 삼상 30:6

다윗과 그의 부하들은 모두 잡혀간 아내와 자녀들로 인해 말할 수 없는 슬픔을 겪었습니다. 그리고 그 슬픔이 다윗에 대한 원망과 분노로 바뀌고 말았지요. 그러나 그들의 분노와 원망은 그 대상이 완전히 잘못되었습니다.

우리는 잘못된 일이나 사건에 대해 의분을 품을 수 있어야 합니다.

악을 좋아해서는 안 되며 허용해서도 안 되지요. 하지만 의분의 대상을 옳게 정할 수 있어야 합니다. 슬픔 자체에 빠져 자기 감정대로 행동해서는 안 되는 것이지요. 슬픔의 원인이 무엇인지 분명하게 파악할 수 있어야 합니다. 그렇지 않으면 슬픔을 제대로 해결하기는커녕 오히려 더 악화만 될 뿐입니다.

그들에게 다윗은 어떤 사람입니까? 자기들의 리더입니다. 지금까지 광야에서 먹고 살게 해주었고 훈련까지 시켜 늠름한 군사로 만들어준 사람입니다. 게다가 다윗 역시 그들과 마찬가지로 아내들을 포로로 빼앗긴 피해자였지요. 다윗이 그들의 가족들을 빼앗은 것이 아닙니다. 다윗을 죽인다고 문제가 해결되는 것도 아닙니다. 슬픔이 없어지는 것도 아니고, 잡혀간 가족들이 돌아오는 것도 아니지요. 그들은 지금 어리석은 분노를 표출하고 있는 것입니다.

어리석은 분노를 조심하라

우리는 어리석은 분노를 조심해야 합니다. 잘못된 분노는 문제는 하나도 해결하지 못하고 오히려 지금껏 쌓아올린 모든 것을 무너뜨릴 수도 있습니다. 특히 사람과의 관계에 있어서 문제가 발생했을 때, 그 문제에만 집착하여 충동적으로 반응하는 사람은 미련한 사람입니다.

사람과의 관계에 있어서 절대 잊지 말아야 할 것은, 만일 누군가와의 관계에서 문제가 생긴다면 그 사람과 지금까지 있었던 모든 일들을 종합해서 생각하고 판단해야 한다는 것입니다. 지금까지 좋았던 것들이 많은데 한두 번의 서운함과 상처 때문에 이전의 좋았던 기억까지 모두 지워버리는 그런 무정하고 어리석은 사람이 되지 말아야 합니다.

이는 하나님과의 관계에서도 적용할 수 있습니다. 지금까지 지키시고 보호하시고 인도하신 은혜는 다 까먹고 지금 삶이 어려워졌다고 금세 하나님을 원망하는 사람들이 있습니다. 이런 사람들이 자주 하는 말이 있습니다.

"왜 나는 늘 이렇게 살아야 하지? 왜 나한테만 매번 이런 일이 일어나는 거야? 하나님은 왜 나만 안 도와주시는 거야!"

하지만 조금만 곰곰이 생각해보면 그렇지 않다는 걸 알 수 있을 겁니다. 지금까지 내가 지내온 것이 다 하나님의 은혜라는 사실을 누가 부인할 수 있겠습니까? 결정적으로 죄에 빠진 비참한 인생을 구원해주신 은혜를 우리가 어찌 부인할 수 있단 말입니까? 그러니 지금 내 앞에 고난이 닥쳤다고 해서 하나님의 은혜를 부인하는 어리석음을 범하지 말아야겠습니다.

고난 속에서 기준이 되는 삶을 살아라

유진 피터슨이라는 신학자는 이런 말을 했습니다.

"재앙은 사람을 최선으로 만들거나 최악으로 만든다."

모든 사람에게 재앙과 고난과 어려움이 찾아오기 마련인데, 어떤 사람은 그 어려움을 통해 최선이 되고 또 어떤 사람은 그 고난 때문에 최악이 된다는 말입니다. 지금 당신 앞에 어려움이 찾아왔습니까? 하나님이 원망스럽고, 교회가 원망스럽고, 가족이 원망스럽고, 친구들이 원망스럽습니까? 그러나 우리 앞에 고난과 어려움이 닥칠 때 그것을 통해 최선의 인생이 될 수 있다는 사실을 기억하십시오. 고난 자체에 집중하여 성급한 판단을 내리는 것이 아니라 인생 전체를 바라보면서 하나님을 의지하는 사람이 되어야 할 것입니다. 그럴 때 내 인생이 최선의 인생, 최고의 인생이 됩니다.

그러나 안타깝게도 고난 중에 있는 사람들 중에 상당수가 최악의 선택을 하며 최악의 상태를 경험합니다. 그렇기 때문에 고난 중에도 최선을 붙잡는 사람이 세상의 기준으로 우뚝 서는 것입니다. "최선의 인생을 살려면 저 사람처럼만 하면 된다" 하는 삶의 기준을 제시하는 인생이 되는 것이지요.

우리는 거친 광야에 서서 "기준!" 하고 외치면 수많은 사람들이 "저기가 내가 기준으로 삼고 서야 할 곳이구나" 하고 달려올 수 있는 그런 사람이 되어야 합니다. 이 암흑과 같은 시대에 우리가 기준이 되어야 합니다. 우리 교회가 이 시대에 빛과 소금의 기준을 제시하여 모든 교회가 본받을 수 있는 그런 교회가 되어야 합니다. 이것이 우리의 비전이 되기를 소망합니다. 광야 같은 세상 가운데 기준이 되는 인생을 살기를 꿈꾸고 이루기를 간절히 소원합니다.

그러면 어떻게 하면 기준이 되는 삶을 살 수 있는지 말씀을 통해서 구체적으로 살펴보기 원합니다.

고난 속에서 여호와의 능력을 의지하라!

깊은 슬픔에 빠진 백성들이 자신을 돌로 치려 하는 위급한 상황에서 다윗은 어떻게 반응합니까?

> 백성들이 자녀들 때문에 마음이 슬퍼서 다윗을 돌로 치자 하니 다윗이 크게 다급하였으나 그의 하나님 여호와를 힘입고 용기를 얻었더라 삼상 30:6

평소 자신을 끔찍이 따르던 백성들이 순식간에 분노에 휩싸여 자신을 돌로 치려 하자 다윗은 마음이 다급해졌습니다. 목숨이 위협 받는 위급한 상황에서 당연한 반응이었지요. 그러나 다윗의 믿음이 여기에서 빛을 발합니다. 다윗은 다급함에 쫓겨 자기 스스로 무엇인가를 하려고 하지 않았습니다.

대부분의 사람들은 다급해지면 자기 스스로 무언가를 해보려고 합니다. 하나님의 사람들 가운데도 그런 경우가 많습니다. 사울 왕이 대표적인 예이지요. 그는 블레셋과의 전쟁을 앞두고 다급한 마음에 제사장 사무엘을 기다리지 못하고 자기가 직접 제사장 역할을 합니다. 명분은 좋았을지 모르지만, 하나님의 방법이 아니었습니다. 그래서 결국 하나님께 버림 받고 말았습니다.

그러나 다윗은 다급할 때 하나님을 바라보았습니다. 감당할 수 없는 어려움을 만났을 때 그는 여호와를 바라보고 용기를 얻었습니다.

우리가 고난 속에서 어떻게 해야 하는지 그 기준을 보여주는 삶의 모습입니다.

기준이 되는 삶을 사는 사람은 평온할 때보다 고난 속에서 빛이 납니다. 고난 중에 여호와를 의지함으로 빛을 발하게 되는 것입니다. 세상 모두가 나를 비난하고 공격해도 하나님이 계시기에 용기를 내어 살겠다는 마음이 있어야 합니다. 이것이 믿음입니다. 삶의 어려운 순간에도 하나님이 계신 것과 또한 하나님을 찾는 자들에게 상 주시는 이심을 기억하고 담대하게 사는 것이 온전한 믿음입니다(히 11:6 참조).

물론 이런 믿음으로 사는 삶이 결코 쉽지는 않습니다. 세상은 우리가 믿음으로 살지 못하도록 끊임없이 공격합니다. 그러나 아무리 어려워도 포기하지 말아야 합니다. 하나님은 이 믿음을 위해서 이 땅에 하나님 백성들의 모임인 교회를 만드셨습니다. 믿음의 공동체와 교제와 예배와 나눔을 통해 하나님의 은혜와 능력이 채워지는 것을 경험케 하십니다. 세상의 어려움을 홀로 감당하지 않도록 함께 기도하고 위로하며 서로 세워주도록 하신 것입니다.

우리가 세상의 기준이 되어야 합니다. 우리 그리스도인들이 혼란스러운 세상에 기준을 제시할 수 있어야 합니다. 그러기 위해서는 바로 '나' 한 사람부터 믿음으로 바르게 살아야 합니다. 믿음을 거세게 방해하는 세상 속에서도 하나님을 바라보며 담대하게 살고, 넘어지고 상처받더라도 결코 포기하지 말고 도리어 주위의 상처 받은 지체들을 돌아보고 세워나가야 합니다. 이를 위해 쓰임 받을 수 있도록 기도하며 꿈꾸는 우리가 되어야 할 것입니다.

기도하고 응답받고 움직여라!

시트콤을 보다 보면 종종 남자답지 못한 남자들이 코믹하게 나오곤 합니다. 여자친구와 다정하게 걸어가고 있다가 불량배를 만나게 되었는데, 이 남자가 여자친구만 두고 도망을 갑니다. 그런 남자친구를 보며 어이없어 하던 여자친구는 불량배를 모두 혼쭐을 내줍니다. 재미를 위해 만든 시트콤이기에 가능한 이야기일 것입니다. 남자라면 적어도 자기 여자는 지킬 수 있어야지요. 설령 맞는 한이 있더라도 자기 여자를 위해 싸울 수 있어야 하지 않겠습니까?

그런데 지금 다윗의 모습이 주변 사람들의 눈에는 그런 못난 남자처럼 보이고 있을 것 같습니다. 다윗이 지금 어떤 상황입니까? 가족들이 모두 포로로 잡혀갔습니다. 그럼 앞뒤 생각할 것도 없이 당장 쫓아가서 가족을 구해내야지요. 한시가 급한 때 아닙니까? 그런데 다윗은 아말렉을 향해 달려가지 않고 하나님 앞에 무릎을 꿇었습니다.

부하들은 아마 속이 바짝바짝 타들어가고 있었을 것입니다. 지금 당장 따라가도 가족들을 찾을 수 있을지 없을지 모를 상황입니다. 또 찾는다 해도 가족들을 구해낼 수 있을지 미지수인 급박한 상황이었지요. 어쨌든 구해내는 건 찾은 다음에 고민할 일이고, 당장 가족들을 찾으러 나가는 것이 당연한 일이었습니다. 그런데 자기들의 대장인 다윗이 이 급박한 상황에서 당연히 보여야 할 반응을 보이지 않고 하나님께 무릎을 꿇고 자신이 아말렉을 따라잡을 수 있는지 묻고 있습니다.

당연한 것까지도 물을 수 있는 마음, 긴급할 때 무릎 꿇을 수 있는 마음, 이것이 바로 진짜 믿음입니다. 세상은 당연한 것은 스스로 알아서 하고, 남들보다 빨리 움직여야 성공할 수 있다고 합니다. 그러나 성경은 당연한 것도 물을 수 있어야 하고, 급한 문제일수록 하나님 앞에서 무릎 꿇는 시간을 가져야 한다고 말하고 있는 것입니다. 이것이 성경이 말하는 성공의 비결입니다.

응답하실 때까지 기다려라!

그리고 한 가지 더 중요한 것이 있습니다. 많은 그리스도인들이 하나님께 물어보는 것까지는 곧잘 합니다. 하지만 하나님의 응답을 기다리는 것은 잘 하지 못합니다. 성경에 나오는 많은 믿음의 선배들은 기도하고 바로 움직이지 않았습니다. 하나님께 기도하고 그에 대한 응답을 받은 후에야 비로소 움직였지요. 우리가 실수하고 실패하는 많은 일들이 기도만 하고 바로 움직이거나 응답을 기다리지 못해서 일어납니다.

성경에 기록된 수많은 이적들을 살펴보십시오. 모든 이적은 하나님께 기도하고, 응답받은 이후에 일어났습니다. 성경이 가르치는 교훈은 어렵시 않습니다. 하나님께 묻고, 듣고, 행하라는 것입니다. 우리가 하나님께 물으면 하나님께서는 우리에게 대답해주십니다. 얼마나 쉽습니까?

제가 집회를 다니면서 발견한 안타까운 사실이 하나 있습니다. 교회를 10년, 20년 다녔음에도 불구하고 살아 있는 기도생활을 한 번도 해보지 못한 성도들이 너무 많다는 것입니다. 그 분들은 성경도 많이 알고 설교시간에 말씀을 적는 것도 잘합니다. 하지만 우리 삶 속에서 실제로 역사하시며 응답하시는 성령님은 모른 채 신앙생활을 하고 있었습니다.

하나님은 지금도 살아 계신 분이십니다. 우리의 기도에 응답하시는 분이십니다. 그런데 기도했는데도 하나님의 응답이 안 들릴 때가 있습니다. 그때는 기다려야 합니다. 계속 안 들리면 어떻게 해야 합니까? 계속 기다려합니다. 응답이 갈급하다면 더욱 간절히 기도해야요. 먼저 움직이지 말라는 뜻입니다.

우리가 자주 범하는 잘못 중의 하나가 자기 뜻대로 행하고 나서 그것이 하나님의 뜻이었다고 말하는 것입니다. 기도 중에 올라오는 감정이나 육체적인 경험을 영적인 체험으로 오해하는 경우도 많습니다. 이런 잘못이나 오해에 속아서는 안 됩니다. 하나님의 응답은 마음에 평강한 확신으로, 성경의 말씀으로, 때로는 환경을 통해서도 옵니다. 한 가지 분명한 것은 하나님은 성도의 기도에 분명히 응답해주신다는 사실입니다.

우리는 하나님이 응답하실 때까지 기다리는 믿음이 있어야 합니다. 우리의 생각과 행동으로 하나님을 앞서지 말아야 합니다!

하나님의 은혜를 세상으로 흘려보내라!

하나님의 응답을 받은 다윗은 부하들과 함께 어디로 갔는지도 모르는 아말렉의 뒤를 쫓아갑니다. 거의 24킬로미터를 헤매면서 쫓아가다가 브솔 시내를 만나게 됩니다. 그런데 너무 피곤하여 브솔 시내를 건너지 못하는 자들이 생겼습니다.

> 곧 피곤하여 브솔 시내를 건너지 못하는 이백 명을 머물게 했고
> 다윗은 사백 명을 거느리고 쫓아가니라 삼상 30:10

다윗과 그의 군사들은 시글락에 도착하기 이전에 전쟁터에 다녀오는 길이었으므로 몹시 지쳐 있었을 것입니다. 한시가 급한 상황인지라 다윗은 브솔 시내 저편에 2백 명의 사람들을 남겨두고 4백 명의 군사들만 데리고 아말렉을 찾아 떠납니다. 그런 와중에 다윗과 그 일행은 병들어 버림 받은 한 애굽 소년을 만나게 됩니다(삼상 30:11 참조). 한시라도 빨리 아내와 자녀들을 구하기 위해 지친 2백 명의 군사마저도 뒤에 남겨두고 길을 재촉한 다윗이었습니다. 게다가 지금 눈앞에 있는 사람은 이스라엘 사람도 아닌 애굽 소년입니다. 그럼에도 불구하고 다윗은 가는 길을 멈춥니다. 그리고 병들어 죽어가는 애굽 소년을 돌봐줍니다. 자기들의 물과 먹을 것을 주어 회복하도록 도와주었습니다.

이것이 바로 기준이 되는 삶의 모습입니다. 내가 경험한 긍휼을 세

상의 다른 사람도 경험하도록 은혜를 베푸는 것입니다. 우리는 모두 하나님의 긍휼을 입은 자들입니다. 마땅히 죽어야 할 사람인데 하나님이 살려주셨습니다. 이처럼 하나님이 우리에게 긍휼을 베풀어주셨기에 우리도 하나님이 베푸신 그 긍휼을 세상이 경험하도록 실천해야 합니다. 다윗은 하나님으로부터 받은 긍휼을 애굽의 한 소년에게 경험하게 했습니다. 쉽지 않은 이 선택이 자기의 사정을 따라 사는 세상 사람에게 은혜를 따라 사는 삶의 기준을 제시한 것입니다.

희생 없는 섬김은 없다

누군가를 돕는 것은 희생이 없이는 불가능합니다. 다윗의 경우를 봐도 알 수 있지요. 다윗은 지금 한시가 급합니다. 일분일초가 아까운 상황입니다. 누군가를 도울 상황이 안 됩니다. 시간을 지체하다가는 가족들을 만나지 못하게 될 수도 있습니다. 그런데도 다윗은 한 소년에게 자기의 시간을 희생합니다.

우리도 희생을 감수하더라도 누군가를 돕는 인생이 되었으면 좋겠습니다. 도울 수 있다는 것이 감사의 제목입니다. 도울 수 있다는 것은 우리에게 능력이 있다는 말이지요. 그러므로 우리 모두 도움을 받기보다는 도울 수 있는 인생이 되기를 간절히 소원합니다. 또한 우리의 교회가 세상을 위해 희생할 수 있는 교회가 되기를 소원합니다. 어려운 이웃을 섬기고, 내일을 꿈꿀 수 없는 자들에게 소망을 주는 그런 교회 말입니다.

우리끼리만 좋은 교회가 되어서는 안 됩니다. 우리가 예배를 통해 경험하는 하나님의 은혜는 하나님의 긍휼이 세상으로 흘러가기를 바라시는 하나님의 마음의 표현입니다. 우리를 통해 세상을 살리고자 하시는 하나님의 마음입니다. 우리만 누리는 삶에서 벗어나 우리가 받은 은혜를 세상에 널리 전하는 성도와 교회가 되기를, 그런 삶으로 세상의 기준이 되기를 간절히 바랍니다.

짜릿한 역전승

다윗은 자기의 시간과 물질을 희생해서 애굽 소년이 회복하도록 도왔습니다. 그랬더니 생각지도 못했던 일이 다윗에게 일어납니다. 다윗과 그의 군사들이 그토록 찾으려고 애쓰던 아말렉 군대의 위치를 알게 된 것입니다. 다윗이 도움을 준 바로 그 애굽 소년을 통해서 문제 해결의 실마리를 찾게 된 것입니다.

하나님의 뜻과 방법은 우리의 생각을 초월합니다. 우리가 상상할 수 없는 방법으로 도우시지요. 무엇보다 하나님은 우리가 하나님의 뜻을 따라 하나를 심으면 똑같이 하나로 갚으시는 분이 아닙니다. 하나님의 뜻대로 하나를 심으면 열 배, 삼십 배, 백 배로 갚아주시지요.

급박한 상황에서도 선(善)을 행했던 다윗에게 하나님은 그토록 찾아 헤매던 아말렉 군대의 위치를 가르쳐주셨습니다. 아말렉 군대의 위치만 가르쳐주신 것이 아니라 하나님이 다윗에게 약속하셨던 대로 그와 그의 부하들의 아내와 자녀들을 되찾을 수 있도록 하셨습니다. 다윗과 그의 군사들이 아말렉 군대를 찾았을 때, 그들이 만약 대열을 정비하고 쉬고 있던 중이었다면 어쩌면 그들의 가족들은 죽거나 다쳤을지도 모릅니다. 그런데 아말렉 군사들은 약탈의 기쁨에 취해 먹고 마시며 춤추고 있었습니다. 그 덕분에 다윗과 그의 군사들은 새벽부터 이튿날 저녁까지 아말렉 군대를 치고 빼앗겼던 모든 것을 되찾을 수 있었고, 그 싸움 중에 단 한 명의 가족도 다치지 않았습니다. 하나님의 약속이 온전히 이루어진 것입니다.

가장 짜릿한 승리는 역전승입니다. 야구경기를 할 때, 9회 말 투아웃인데 역전 만루 홈런으로 이기면 그것만큼 짜릿한 승리가 없습니다. 하나님의 사람은 역전승의 주인공입니다. 반대로 악인은 아무리 승승장구하는 것처럼 보일지라도 역전패를 당하고 말 것입니다.

세상을 살다보면 악한 사람들이 더 잘사는 것처럼 보일 때가 있습니다. 정직하게 사는 사람이 어리석어 보이는 세상입니다. 그러나 기억하십시오. 그럴 수 있는 것도 지금뿐입니다. 마지막 때에 악한 사람은 반드시 패하고 맙니다. 하나님이 패하게 만드십니다. 이 사실을 잊지 말고 두렵고 떨리는 마음으로 하나님의 뜻을 따라 사는 우리가 되어야 합니다.

내 것이 아니라 하나님이 주신 것이다

다윗과 그의 부하들의 이야기는 가족을 되찾는 것에서 끝나지 않습니다. 또 하나의 문제가 생겼습니다. 다윗과 4백 명의 부하들이 가서 아말렉 군대를 물리치고 모든 가족과 소유를 되찾아 돌아오는 길에 그들은 브솔 시내 저편에 남겨 두었던 2백 명의 군사들을 다시 만났습니다. 여기서 애매한 문제가 벌어지고 말았습니다.

그 2백 명의 군사들은 아말렉 군대와의 싸움에 전혀 참여하지 않았습니다. 다시 말해, 가족과 소유를 되찾는 데 아무런 도움도 되지 못했습니다. 그러니 전쟁에 참여했던 4백 명의 군사들 중 몇몇이 가족 외의 소유물은 돌려주지 말자고 주장했습니다. 그 사람들 입장에서는 어쩌면 당연한 반응이었지요. 자기들은 목숨을 걸고 싸웠고 그들은 아무것도 하지 않았으니 말입니다. 하지만 하나님께서는 소유물을 돌려주지 말자고 주장했던 그들에 대해 뭐라고 말씀하십니까?

> 다윗과 함께 갔던 자들 가운데 악한 자와 불량배들이 다 이르되 그들이 우리와 함께 가지 아니하였은즉 우리가 도로 찾은 물건은 무엇이든지 그들에게 주지 말고 각자의 처자만 데리고 떠나가게 하라 하는지라 삼상 30:22

그들을 향해 "악한 자와 불량배들"이라고 표현하고 있습니다. 왜 이렇게 말씀하셨을까요? 하나님이 그들의 마음을 보셨기 때문입니다. 그들이 되찾은 소유를 나눠주지 말자고 말한 내면에는, 아말렉과의 싸움에서 자기들의 힘과 노력으로 이겼다는 생각이 자리 잡고 있었습니다. 내가 목숨을 걸고 싸웠고 그래서 되찾은 소유물이니 아무것도 하지 않은 자들에게는 나눠줄 수 없다고 생각한 것이지요.

그러나 다윗은 그들을 꾸짖고 동일하게 분배하라고 명령합니다. 다윗이 이처럼 행할 수 있었던 이유는 무엇입니까?

> 다윗이 이르되 나의 형제들아 여호와께서 우리를 보호하시고 우리를 치러 온 그 군대를 우리 손에 넘기셨은즉 그가 우리에게 주신 것을 너희가 이같이 못하리라 삼상 30:23

믿음의 사람 다윗은 전쟁이 하나님께 속한 것임을 알았습니다. 다윗은 하나님이 승리하도록 도우셨기 때문에 무사히 가족과 소유물을 되찾을 수 있었다는 것을 분명히 알았습니다. 그래서 모든 소유를 모든 사람에게 동일하게 분배하라고 명령할 수 있었던 것입니다.

소유를 동일하게 나누기를 원치 않았던 사람들은 하나님이 아니라 자기 스스로 했다고 생각했기 때문에 그렇게 주장한 것입니다. 하나님이 그런 그들을 향해 "악한 자와 불량배"라고 하신 것도 그들이 소유를 나누지 않았기 때문이 아니라 이런 생각을 갖게 된 동기가 잘못 되었음을 아셨기 때문이지요. 하나님을 잊어버렸기 때문에 악한 마음이 생긴 것입니다.

모든 악한 마음과 행동은 하나님을 잊어버리는 불신앙에서부터 시작됩니다. 그러므로 매사에 '하나님'이 아닌 '나'를 드러내는 사람은 자신이 혹시 불신앙의 사람은 아닌지 돌아보아야 합니다. 특히 교회 안에서도 "내가 무엇을 했다", "내가 교회를 몇 년이나 다녔는데, 내가 봉사를 얼마나 오래 했는데" 하며 자기를 드러내는 사람은 하나님 보시기에 불량한 사람일 수도 있다는 사실을 반드시 기억해야 합니다. 내가 한 것이 아니라 하나님이 허락하신 것입니다!

율례와 규례로 삼았더니!

> 그날부터 다윗이 이것으로 이스라엘의 율례와 규례를 삼았더니 오늘까지 이르니라 삼상 30:25

다윗이 이것을 이스라엘의 율례와 규례를 삼았더니, 오늘까지 모든 사람들의 율례와 규례가 되었습니다. 다윗의 행함이 모든 이들의 기준이 되었다는 말입니다. 이 말씀이 저의 가슴을 뜨겁게 했습니다. 이 땅의 모든 사람들이 저의 삶을 통해 기준이 무엇인지 깨닫고 그대로 살아야겠다고 결단하는 일들이 일어나게 되기를 꿈꾸게 되었습니다. 세상에 기준이 되는 삶을 살고 싶다는 간절한 소망이 생긴 것입니다.

우리 모두가 거친 광야 한가운데서 우리 자신의 삶으로 세상 모든 이들을 향해 "기준!" 하고 외칠 수 있는 사람이 되기를 소원합니다. 우리 교회가 세상을 향해 "기준!"이라고 외칠 수 있게 되기를 기도합니다. 기준이 되는 삶은 쉽지 않습니다. 그러나 기준이 되는 삶을 사는 것이 우리의 사명입니다. 목숨을 걸고 완수해야 하는 우리의 사명인 것입니다.

당신은 이 마지막 때에 어떻게 살기를 원합니까? 하나님의 약속을 붙잡고 하나님이 원하시는 긍휼을 베풀며 하나님의 마음을 시원케 해 드리는 믿음의 삶을 살고 싶지 않으십니까? 이런 하나님의 사람이 되기를 원한다면 하나님의 뜻을 알기 위해 기도하고, 응답받을 때까지 움직이지 말고 기다리는 사람이 되어야 합니다. 하나님이 부어주신 은혜와 긍휼과 사랑을 세상을 향해 다시 흘려보낼 줄 아는 사람이 되어야 합니다.

하나님은 이 마지막 때에 "기준!"을 외칠 수 있는 '한 사람'을 찾고 계십니다. 어느 때보다 더 혼란스러운 이 시대에 세상을 향해 "기준!"을 외칠 수 있는 '한 교회'를 찾고 계십니다. 우리는 우리 안의 죄 때문에 소모전을 치르는 것이 아니라 사탄과 맞장 뜨는 믿음의 군사가 되어야 합니다. 이 마지막 때에 온전한 기준 되신 예수 그리스도를 세상에 알리는 진짜 믿음의 사람이 되어야 합니다!

06

하나님의 에이스로 사는 법

내 감정과 이익을 따라 선택하지 말고 진리를 따라 선택하라

01 고난 속에서 하나님께 집중하는 삶의 기준을 보여라

우리 그리스도인들이 혼란스러운 세상에 기준을 제시할 수 있어야 합니다. 그러기 위해서는 우리 개개인 한 사람 한 사람이 믿음으로 바르게 살아야 합니다. 믿음을 거세게 방해하는 세상 속에서도 하나님을 바라보고 담대하게 살아야 합니다. 넘어지고 상처받더라도 결코 포기하지 말고 늘 진리를 붙잡는 최선을 선택해야 합니다.

02 기도하고 응답받은 이후에 움직여라

당연한 것까지도 하나님께 물을 수 있는 마음, 긴급할 때 무릎 꿇을 수 있는 마음, 이것이 진짜 믿음입니다. 세상은 당연한 것은 스스로 알아서 하고 남들보다 빨리 움직여야 성공할 수 있다고 말합니다. 하지만 성경은 당연한 것도 물을 수 있어야 하고, 급한 문제일수록 하나님 앞에서 무릎 꿇는 시간을 가져야 한다고 말합니다. 급할수록 기도하십시오. 응답이 없이 움직이지 마십시오. 응답이 없다면 응답이 올 때까지 기다리십시오. 우리의 생각과 행동으로 하나님을 앞서지 말아야 합니다.

03 받은 은혜를 세상으로 흘려보내라

세상에 기준이 되는 삶을 사는 사람은 내가 받은 은혜에만 만족하지 않습니다. 내가 받은 은혜와 긍휼을 세상을 향해 흘려보내는 삶을 삽니다. 우리는 다 하나님의 긍휼을 입은 자들입니다. 그러니 우리도 하나님이 베푸신 그 긍휼을 세상이 경험하도록 우리의 희생을 무릅쓰고 세상을 섬겨야 하는 것입니다. 그것이 자기만 아는 세상 사람들에게 하나님 사람의 기준을 제시합니다.

CHAPTER 07

하나님이 찾으시는 사람
최고의 예배를 드리는
최고의 예배자를 찾으신다

여호와의 궤가 다윗 성으로 들어올 때에 사울의 딸 미갈이 창으로 내다보다가 다윗 왕이 여호와 앞에서 뛰놀며 춤추는 것을 보고 심중에 그를 업신여기니라 여호와의 궤를 메고 들어가서 다윗이 그것을 위하여 친 장막 가운데 그 준비한 자리에 그것을 두매 다윗이 번제와 화목제를 여호와 앞에 드리니라 다윗이 번제와 화목제 드리기를 마치고 만군의 여호와의 이름으로 백성에게 축복하고 모든 백성 곧 온 이스라엘 무리에게 남녀를 막론하고 떡 한 개와 고기 한 조각과 건포도 떡 한 덩이씩 나누어 주매 모든 백성이 각기 집으로 돌아가니라 다윗이 자기의 가족에게 축복하러 돌아오매 사울의 딸 미갈이 나와서 다윗을 맞으며 이르되 이스라엘 왕이 오늘 어떻게 영화로우신지 방탕한 자가 염치 없이 자기의 몸을 드러내는 것처럼 오늘 그의 신복의 계집종의 눈앞에서 몸을 드러내셨도다 하니 다윗이 미갈에게 이르되 이는 여호와 앞에서 한 것이니라 그가 네 아버지와 그의 온 집을 버리시고 나를 택하사 나를 여호와의 백성 이스라엘의 주권자로 삼으셨으니 내가 여호와 앞에서 뛰놀리라 내가 이보다 더 낮아져서 스스로 천하게 보일지라도 네가 말한 바 계집종에게는 내가 높임을 받으리라 한지라 그러므로 사울의 딸 미갈이 죽는 날까지 그에게 자식이 없으니라 삼하 6:16-23

하나님의 에이스

최고의 예배를 찾으시는 하나님

하나님은 예배자를 찾으십니다. 그것도 그저 그런 시시한 예배를 드리는 사람이 아니라 최고의 예배를 드리는 사람을 찾으십니다.

> 아버지께 참되게 예배하는 자들은 영과 진리로 예배할 때가 오나니 곧 이때라 아버지께서는 자기에게 이렇게 예배하는 자들을 찾으시느니라 요 4:23

그리고 이렇게 예배하는 자들을 하나님이 사용하십니다. 마음과 뜻과 정성을 다해 예배하는 예배자들이 '하나님의 에이스'라는 최고의 찬사를 받게 되지요. 우리는 늘 최고의 예배를 하나님께 올려드릴 수 있도록 준비해야 합니다.

그러면 구체적으로 어떤 예배가 최고의 예배입니까?

준비가 있는 예배

최고의 예배는 준비가 있는 예배입니다. 우리가 최고의 예배를 드리기 위해서는 하나님 앞에서 먼저 준비해야 합니다. 주일예배를 최고의 예배로 드리는 사람들은 토요일 저녁에 함부로 놀지 않습니다. 토요일 저녁은 우리가 함부로 놀 수 있는 시간이 아닙니다. 주일을 준비해야 하는 시간이기 때문입니다.

세계적인 복음 전도자인 빌리 그래함 목사님이 휘튼대학(Wheaton College)에 다니던 시절에 한 여인을 만나게 되었습니다. 빌리 그래함 목사님 눈에 그 여인이 정말 괜찮아 보였습니다. 그녀의 이름은 루스였습니다. 그래서 빌리 그래함 목사님은 그 여인에게 데이트 신청을 했습니다.

"토요일에 시간 있어요?"

보통 주말이 데이트하기에 가장 좋은 시간이었기 때문에 빌리 그래함 목사님도 토요일에 시간이 있냐고 물어본 것이었지요. 그런데 돌아오는 대답은 너무 단호하고 차가웠습니다.

"아니요!"

"좋다"는 대답을 기대했던 빌리 그래함 목사님은 너무 단호한 거절에 자존심이 상하여 뒤돌아 가려는데, 이 여인이 한마디를 덧붙였습니다.

"빌리, 목요일 밤은 시간이 괜찮아요."

실망하여 돌아서려는 빌리 그래함 목사님은 기쁜 마음으로 목요일에 약속을 잡았습니다. 그리고 이렇게 되물었지요.

"보통 목요일까지는 수업 때문에 바쁜데 왜 한가한 토요일이 아닌 목요일이 괜찮다고 했어요?"

그러자 루스가 이렇게 대답했습니다.

"왜냐하면 토요일 밤은 제 시간이 아니에요. 토요일 밤은 주일예배를 준비하는 시간입니다."

이 대답에 빌리 그래함 목사님은 더욱 그녀에게 반하게 되었지요. 결국 그녀와 결혼을 하고 평생 아름다운 동반자로서의 삶을 살았다고 합니다.

하나님이 주인공인 예배

언제부턴가 우리는 예배를 '보러 가는' 사람들이 되어버렸습니다. 우리의 마음을 기쁘게 하는 예배, 내 마음이 평안하고 행복해지는 예배에 중점을 두기 시작했지요. 하지만 예배의 주인공은 우리가 아닙니다. 예배는 하나님께 드리는 것입니다. 이것을 절대 간과해서는 안 됩니다.

예배의 자리는 우리가 평안해지는 자리가 아니라 오히려 세상에서 가장 불편한 자리가 되어야 합니다. 하나님의 말씀이 전해질 때 나의 죄가 환히 드러나는 자리여야 하는 것입니다. 하나님이 요구하시는 삶을 온전히 살지 못한 죄를 깨닫고 회개하는 자리가 되어야 하는 것이지요.

그런데 우리는 어느새 좋은 자리, 편안한 자리가 있는 교회를 찾기 시작했습니다. 제가 부산 호산나교회에 부임하고 한 달 정도 된 후에 이런 설교를 한 적이 있습니다.

"여러분은 우리 교회에 왜 나오십니까? 혹시 주차장이 좋아서 나오십니까? 아니면 교육 프로그램이 좋아서 나오십니까? 그것도 아니면 대형교회라는 브랜드 때문에 나오십니까?"

담임목사가 성도에게 할 질문은 아니지요. 그러나 우리가 한 번은 꼭 짚고 넘어가야 하는 부분입니다. 우리는 이런 이유로 교회를 선택하거나 나와서는 안 됩니다.

하나님을 향한 태도가 중요합니다. 신앙생활에 임하는 마음의 태도가 좋지 않으면 아무리 교회에 열심히 나와도 하나님이 쓰시기가 어렵습니다. 그 중심이 달린 문제이기 때문입니다. 어쩌면 우리가 천국에 가면 깜짝 놀랄지도 모릅니다. 당연히 천국에서 만날 수 있으리라 생각했던 사람은 못 만나고, 전혀 생각지 못했던 사람을 만날 수도 있기 때문이지요. 그중에 가장 놀라운 건 내가 천국에 있다는 사실일 겁니다.

우리의 예배는 사람의 만족이 아닌 하나님의 영광과 하나님의 기쁨으로 충만한 예배여야 합니다. 예배에 임하는 근본적인 자세가 바뀌어야 하는 것이지요. 감사하게도 호산나교회의 수요예배에 하나님의 은혜가 넘치고 있는 모습을 봅니다. 성도들이 예배 시간 두세 시간 전부터 교회에 나와 벌써 기다리고 있습니다. 호산나교회 하단캠퍼스에 가보았더니, 주차시설이나 교통편의가 여러 가지로 힘들고 불편한 상황에도 불구하고 예배당이 성도들로 꽉 차 있었습니다. 순전한 마음으로 예배를 사모하는 성도들의 모습을 하나님께서 귀히 보신 것 같습니다. 매주 예배 때마다 하나님의 은혜가 가득 임하는 것을 보면 말입니다.

예배는 이런 준비된 마음으로 나와야 하는 것입니다. 자신의 편리함을 포기하고 하나님만을 사모하는 마음으로 심령을 새롭게 하여 준비해야 합니다. 바쁘고 소중한 시간을 하나님 앞에 드려야 하고, 그에 앞서 먼저 기도로 준비하는 자세가 반드시 필요합니다. 우리 모두가 진정한 예배자로 서기를 바랍니다. 모두 다 제대로 된 진짜 예배자가 되기를 소망합니다.

하나님의 방법대로 예배하라

본문 사무엘하 6장의 말씀은 다윗이 왕위에 오른 뒤의 이야기입니다. 다윗은 처음에는 유다의 왕으로 올랐다가 나중에는 이스라엘까지 다 통합하여 명실공히 이스라엘의 온전한 왕이 되었습니다. 그리고 주변 국가들과 싸워 이기면서 이스라엘을 강대국으로 만들었지요.

그때 다윗은 30년 전 블레셋 사람들에게 빼앗겼던 하나님의 궤를 되찾아오는 큰 성과를 이룹니다. 블레셋과의 전쟁에서 이기고 하나님의 궤를 되찾아올 정도로 이스라엘이 강성해진 것입니다.

하나님의 궤 안에는 세 가지가 들어 있었습니다. 모세가 시내산에서 받았던 십계명 돌판, 광야에서 방랑하던 시절에 먹었던 만나가 담긴 항아리, 그리고 싹이 난 아론의 지팡이입니다. 이 궤는 "하나님이 우리 가운데서 역사하셨다"는 증표입니다. 그 안에 들어 있던 것도 다 각각의 의미가 있는 것이었습니다.

십계명이 새겨진 돌판은 하나님이 우리에게 주신 율법을 상징하며 하나님의 거룩한 백성으로서 구별된 삶을 살아야 한다는 의미를 담고 있습니다. 만나는 하나님이 우리에게 필요한 모든 것을 공급해주신다는 뜻입니다. 그리고 싹이 난 아론의 지팡이는 하나님이 우리를 구원하신다는 것을 상징하고 있지요. 하나님의 궤는 결국 하나님이 어떤 분이신가를 나타내는 것으로, 거룩한 하나님의 상징이었습니다. 그래서 그 궤는 사람의 손으로 만질 수 없었고, 운반할 때에도 하나님이 명하신 방법대로만 운반해야 했지요.

그런데 다윗이 사람들과 함께 하나님의 궤를 운반하는 동안 큰 문제가 벌어지고 말았습니다. 사무엘하 6장 6,7절입니다.

그들이 나곤의 타작 마당에 이르러서는 소들이 뛰므로 웃사가

> 손을 들어 하나님의 궤를 붙들었더니 여호와 하나님이 웃사가 잘못함으로 말미암아 진노하사 그를 그 곳에서 치시니 그가 거기 하나님의 궤 곁에서 죽으니라 삼하 6:6,7

하나님의 궤를 옮기다가 웃사가 실수로 궤에 손을 대어 죽는 사건이 발생했습니다. 하나님을 위해 하나님의 궤를 되찾아오는 과정에서 왜 이런 일이 일어났을까요?

원래 법궤를 운반할 때는 궤의 앞뒤에 각각 레위인 한 사람씩 서서 법궤에 달린 고리에 나무를 끼워 어깨에 메고 옮겨야 했습니다. 그런데 제사장들이 혁신적인 블레셋식 최신 기술을 도입했습니다. 바로 황소가 끄는 수레였습니다. 황소가 끄는 새 수레에 법궤를 올려놓고 옮기는 방식을 택한 것입니다. 사람이 직접 어깨에 메고 운반하는 것이 더 편하겠습니까? 아니면 수레를 통해 옮기는 것이 더 편하겠습니까? 당연히 수레에 옮기는 것이 더 편하겠지요. 편할 뿐 아니라 더 빠르고 효율적이기도 합니다. 하지만 편하고 빠르고 효율적인 방법이라고 해서 다 하나님의 뜻인 것은 아닙니다. 그리고 그 결과 웃사가 죽고 만 것이지요.

편한 것이 초래한 불편한 결과

이 사실이 오늘날 우리에게 주는 교훈은 무엇일까요? 잘 한번 생각해보십시오. 하나님을 향한 최고의 예배를 드리는 데 우리를 방해하는 것들은 대부분 편한 것들입니다. 세상의 편안함이 하나님 앞에 드리는 온전한 예배를 방해하기 시작한 것입니다.

제가 어렸을 때는 예배당이 마룻바닥인 경우가 많았습니다. 마룻바닥에 오래 앉아 있으면 정말 힘이 듭니다. 허리도 아프고 다리도 아프고 나중에는 그대로 눕고 싶은 심정이지요. 그래도 그때는 불평하는 사람 한 명 없이 마룻바닥에 몇 시간씩 앉아서 예배드리고, 끝나면 무릎 꿇고 엎드려 기도하다가 가끔씩은 그대로 잠이 들기도 했습니다.

기도원도 마찬가지였습니다. 제가 어릴 때, 부모님은 저희들을 데리고 기도원에 자주 가셨습니다. 부모님은 앞에서 기도하시고 저와 동생은 기도원을 뛰어다니며 놀다가 앉아서 쉬다가 피곤하면 자다가 깨기를 반복했지요. 낮에는 집회가 있고 밤에는 철야기도회를 하니까 제가 자다 일어나도 예배 중이고 밖에서 놀다 들어와도 예배 중이었던 기억이 납니다. 그래서 저는 사람들이 잠도 안 자고 먹지도 않고 하루 종일 예배만 드리는 줄 알았습니다.

지금 생각해보면 얼마나 불편한 환경이었습니까? 예배당, 잠자리, 씻는 곳, 화장실, 먹는 것, 어느 하나 편한 구석이 없었습니다. 그러나 그렇게 예배드리는 그곳에 하나님의 은혜가 충만했습니다.

요즘엔 어떻습니까? 요즘 많은 사람들이 '예배가 예배답지 못하다'는 목소리를 내고 있습니다. 교회 내부에서 자성의 목소리가 들리기도 합니다. 언제부터 이렇게 되었습니까? 제가 생각하기에는 아주 잘 짜인 콘티를 준비하고 편안하고 화려한 예배를 드리기 시작하면서 예배가 흔들리기 시작한 것 같습니다. 물론 예배드리기에 좀 더 편한 환경도 필요하고 화려하고 집중력 있는 무대도 필요합니다. 그러나 이것이 교회의 본질은 아닙니다. 교회의 본질은 하나님 앞에 드려지는 영광스러운 예배에 있습니다!

예배의 기초를 닦아라

이런 우스갯소리를 들은 적이 있습니다.

"가장 은혜스러운 설교는 짧은 설교이다."

씁쓸하지만 이것이 농담만은 아닌 것 같습니다. 설교가 조금만 길어지면 성도들의 얼굴 표정이 변하는 것을 실제로 목격할 수 있기 때문이지요. 반대로 설교가 짧으면 엄청나게 은혜 받은 얼굴로 화답합니다. 내용에 상관없이 은혜 받는 거지요.

그러나 우리의 예배가 온전하게 드려지는 예배가 되기 위해서는 예배의 기초부터 잘 닦아야 합니다. 아무리 효율적이고 효과적으로 잘 짜인 예배라 하더라도 그것이 반드시 우리에게 영적으로 도움이 되는 것은 아닙니다. 무릎으로 나아가 전심으로 기도하고 하나님 앞에 마음을 드려 찬양하고 집중하여 말씀을 듣는 기초가 없이는 최고의 예배라고 할 수 없을 것입니다.

하나님의 궤를 옮기기에 가장 효율적이고 편리한 방법처럼 보이던 수레를 통해 하나님의 궤를 옮기던 웃사는 죽고 말았습니다. 구약시대 때는 하나님의 뜻과 방법대로 하나님을 예배하지 않으면 그 자리에서 죽었습니다. 우리가 그런 시대에 살지 않아서 다행이기는 하지만, 효율과 편안함만 추구하는 예배를 드리다가는 우리의 예배도 더 이상 살아 있는 예배가 아닌 웃사와 같이 죽은 예배가 될 수 있음을 꼭 기억해야 합니다.

살아 있는 예배를 드리기 위해서는 하나님이 기뻐하시는 하나님의 방법대로 예배를 드려야 합니다. 그렇다면 과연 어떻게 예배하는 것이 하나님의 방법대로 예배드리는 것일까요?

예배가 시작되기 전부터 예배의 마음을 세팅하라

앞에서도 이야기한 것처럼 하나님이 기뻐하시는 예배는 준비된 예배입니다. 예배를 드리기 전부터 우리는 예배의 마음을 준비를 해야 합니다. 예배를 드리기 위해 교회 올 때는 최대한 깨끗한 옷을 입는 것도 준비입니다. 약속된 시간보다 조금 일찍 도착하여 마음을 차분히 하는 것도 예배에 대한 준비이지요.

만약 당신이 대통령의 초대를 받았다면 어떻게 하겠습니까? 대통령을 좋아하든 좋아하지 않든 개인의 자유지만, 그것과 상관없이 그 초대에 응하지 않을 사람은 아마 없을 것입니다. 최대한 좋은 옷을 깨끗하게 차려 입고 초대에 응할 것입니다. 또 약속 시간에 절대 늦지 않겠지요. 그런데 만왕의 왕이신 하나님 앞에 나아가는 우리의 자세는 어떻습니까? 하나님 앞에 나왔음에도 불구하고 은혜를 못 받는다면 예배를 준비하는 우리의 마음에 문제가 없는지 살펴보아야 합니다.

준비는 태도와 관련이 있습니다. 개그맨들이 가장 싫어하는 부류의 사람들이 있다고 합니다. 아무 때고 "개인기 한 번 해봐! 어디 한 번 웃겨봐라!" 하는 사람들이라고 합니다. 그러면 아무리 웃긴 개그맨이라 하더라도 웃길 수가 없다는 것입니다. 사람에게는 태도가 무척 중요합니다. 좋은 태도는 반드시 준비를 동반합니다. 예배에 나오기 전에 준비하고 오십시오. 은혜를 받고자 마음에 결단하십시오. 그러면 하나님이 채우실 것입니다.

편한 것을 찾지 마세요. 주차장이 불편할 수도 있고 교통이 불편할 수도 있습니다. 그러나 그런 불편함을 준비하는 믿음이 예배의 시작입니다. 편한 것은 우리의 육체에 도움이 될 수는 있지만, 우리의 영혼에는 도움이 안 되는 경우가 많습니다. 불편함이 우리의 불평이 되기 시작하면, 그것이 우리의 영성을 죽이기 시작합니다. 예배하는 교회, 기도하는 교회가 되기 위해서는 편한 것을 포기할 줄 알아야 합니다.

예배의 주인공 자리를 하나님께 내어드려라

계속해서 강조하지만 예배의 주인공은 우리가 아닙니다. 그래서 우리가 편하고 우리에게 효율적인 예배는 하나님의 방법으로 드려지는 예배가 아닙니다. 예배의 주인공은 하나님이십니다. 하나님이 영광 받으시고 하나님이 기뻐하시는 예배, 곧 하나님의 뜻을 따라 순종하는 예배가 온전한 예배인 것입니다. 그래서 저는 성도들의 귀만 즐겁게 하는 설교는 안 하려고 늘 다짐하며 기도합니다. 귀에 거슬리고 마음에 아픔을 주더라도 "똑바로 사세요. 마지막 때일수록 정신 차려야 합니다. 하나님의 기쁨이 됩시다. 하나님께 영광을 돌리는 교회가 됩시다. 그러기 위해서 헌신하고 희생합시다"라고 설교할 것입니다. 제 마음의 중심에 하나님이 늘 주인공이시도록 항상 기도하며 애쓸 것입니다.

교회에서 가장 불필요한 사람이 어떤 사람입니까? 제 생각에는 자신의 판단만이 옳다고 생각하는 사람인 것 같습니다. 자신은 늘 무언가를 받아야 한다고 생각하는 사람입니다. 자신의 감정만을 중요하게 여기는 사람입니다. 이런 사람들은 대부분 온전한 예배를 드릴 줄 모르는 사람들입니다. 마치 자기가 교회의 주인인 것처럼 말하기도 합니다. 그러나 교회는 어느 누구도 주인이 아닙니다. 담임목사도 주인이 아니고, 성도들도 주인이 아니지요. 교회의 주인은 오직 하나님이심을 꼭 기억해야 합니다.

예배가 죽으면 우리의 영도 죽는다

웃사는 하나님의 궤를 운반하던 중에 황소들이 놀라서 뛰니까 그 궤를 붙들었다가 죽었습니다. 많은 사람들이 이 구절을 읽고 당황스러워 합니다.

"그러면 하나님의 궤가 땅에 떨어지도록 그냥 놔둬야 합니까? 붙드는 것이 당연한 것 같은데, 웃사가 왜 죽었는지 이해가 되지 않습니다."

그런데 웃사가 죽은 데는 이유가 있습니다. 웃사가 하나님의 궤를 운반하는 그 시작부터 잘못됐기 때문입니다. 하나님이 명하신 방법대로 하지 않고 편안한 방법을 선택했기 때문입니다. 편안한 것 때문에 하나님의 뜻을 거스른 것입니다. 웃사에 대해서 유진 피터슨은 이렇게 말했습니다.

"그는 그날 죽은 것이 아니라 이미 서서히 죽어가고 있었다."

웃사는 이미 마음속으로 하나님을 경외하는 것을 잃어버리고 있었습니다. '죽는 것' 자체는 한순간의 현상이지요. 그러나 그 이면에는 죽어가는 과정이 있었다는 것입니다. 결국 웃사는 한순간에 죽은 것이 아니라 그 마음에 하나님을 향한 경외를 잃어버린 순간부터 이미 죽어가고 있었던 것입니다.

우리 주변에도 이처럼 서서히 죽어가는 사람들이 있습니다. 예배를 제대로 드리는 못하는 사람입니다. 하나님 앞에 집중하지 못하고 마음을 온전히 드리지 못하는 사람입니다. 자기중심적으로 신앙생활 하는 사람입니다. 우리는 정신 차려야 합니다. 우리의 영혼이 웃사처럼 죽을 지경에 이르고 있는지도 모릅니다.

교회는 하나님의 말씀이 선포되고 전파되어서 그 말씀에 반응하고 변화되는 사람들의 공동체입니다. 그런데 변화하지 못하고 반응하지 못하고 있다는 것은 죽어가고 있다는 반증입니다. 숨은 쉬고 있을지 모르나 영혼은 이미 죽은 것입니다.

그러므로 자기중심적인 이유로 예배에 나오지 마십시오. 어떤 혜택을 받기 위해서, 마음이 우울한데 기뻐지기 위해서 예배에 나와서는 안 됩니다. 오직 하나님의 뜻과 마음을 알기 위해서, 하나님이 원하시는 것을 알기 위해서 나와야 합니다. 이런 근본적인 변화가 우리 안에 있어야 합니다. 그러면 교회는 자연스레 하나님이 베푸시는 기적으로 세상에 영향을 끼치게 될 것입니다. 우리가 그렇게 살 수 있습니다. 이 나라와 전 세계에 영향을 주며 살 수 있습니다.

그렇게 살기 위해서는 하나님 중심의 예배를 드려야 하는 것입니다. 사람이 기쁘게 생각하는 교회가 좋은 교회가 아닙니다. 온전한 말씀이 전파되고 살아 있는 성령 하나님을 날마다 만나는 교회가 좋은 교회입니다. 온 성도가 하나님 앞에 눈물 흘리며 회개하고, 세상에서 하나님의 뜻대로 온전하게 살려고 노력하는 사람들의 공동체가 진짜 좋은 교회입니다.

어떤 축복보다 온전한 예배자가 되는 것이 가장 큰 축복입니다. 온전하게 예배드리지 못하면 하나님이 부어주시는 은혜를 잘 담을 수 있는 온전한 그릇이 될 수 없습니다. 우리 모두가 하나님의 은혜를 잘 담을 수 있는 온전한 그릇이 되기를 소망합니다.

주님만 바라보며 예배하라

웃사의 죽음과 함께 하나님의 궤를 옮겨 오는 데 한 차례 실패한 다윗은 3개월 간 하나님의 궤를 움직이지 않고 오벧에돔의 집에 머물게 합니다. 하나님이 기뻐하지 않으셨기 때문에 더 이상 무리해서 하나님의 궤를 움직일 수 없었던 것입니다. 다윗은 그 정도로 하나님을 경외했습니다. 그러다 하나님이 오벧에돔의 집에 복을 내리셨다는 말을 듣고 조심스럽게 다시 한 번 하나님의 궤를 옮겨오려고 합니다. 이전보다 훨씬 많은 악단을 데리고 가서 하나님을 예배하고 찬양하며 하나님이 가르쳐주신 방법대로 하나님의 궤를 옮겼습니다.

드디어 하나님의 궤가 다윗 성으로 들어오기 시작할 때, 다윗은 기쁨을 못 이겨 전심으로 춤을 추기 시작했습니다.

> 다윗이 여호와 앞에서 힘을 다하여 춤을 추는데 그 때에 다윗이 베 에봇을 입었더라 다윗과 온 이스라엘 족속이 즐거이 환호하며 나팔을 불고 여호와의 궤를 메어오니라 삼하 6:14,15

다윗은 어쩌면 성으로 들어오는 하나님의 궤를 보면서 지금까지 광야에서 힘들게 보냈던 자신의 지난날을 떠올렸을지도 모릅니다. 고통의 순간마다 하나님의 음성을 들었던 일들이 주마등처럼 스쳤을 것입니다. 위기의 순간마다 하나님이 베푸셨던 은혜가 떠올랐을 것입니다.

광야에서 수많은 위기를 겪었던 다윗은 그때마다 자신과 동행해주시는 하나님으로 인해 이런 고백을 올려드릴 수 있었습니다.

> 여호와는 나의 목자시니 내게 부족함이 없으리로다 시 23:1

아마도 하나님의 궤가 들어오는 그 순간 다윗은 그 목자 되신 하나님을 떠올렸을 것입니다. 그 은혜가 감격스러워서 도저히 춤을 추지 않고는 견딜 수 없었을 것입니다. 누구나 하나님과 자신만 아는 은밀한 은혜의 자리가 있습니다. 우리가 하나님의 능력으로 살고자 한다면 그 은혜의 자리가 반드시 있어야 합니다. 다윗은 어느덧 자신이 기억하는 은혜의 자리로 가 있었습니다.

다윗은 목자 되신 하나님 앞에서 춤추기 시작합니다. 왕이라는 신분이나 위엄은 다 잊었습니다. 주님의 임재 안에서 오직 주님만 바라보는 그만의 예배가 시작되었습니다. 옆에 있는 사람이 전혀 신경 쓰이지 않았습니다. 옆에서 떠드는 사람들의 이야기도 들리지 않았습니다. 어쩌면 사람들은 이렇게 수군거렸을지도 모릅니다.

"저 사람 왜 저러지? 자기 혼자 예수 믿나?"

하지만 아무 말도 들리지 않았습니다. 온 이스라엘 사람들이 함께 모여 예배드리고 있었지만, 그 예배 안에서 다윗과 하나님의 일대일의 만남이 이뤄진 것입니다.

우리의 예배와 기도 시간도 그런 시간이 되어야 합니다. 우리는 모두 함께 모여 하나님께 예배드리지만, 그 예배 안에서 하나님과 일대일로 만나는 은혜가 있어야 합니다. 특별히 찬양과 기도 시간에는 하나님께만 집중하는 시간이 되기를 바랍니다. 옆에 앉은 사람이 남편이든, 아내든, 아니면 모르는 사람이든 신경 쓸 필요가 없습니다. 온전히 하나님 앞에 집중하는 시간이 되어야 합니다.

하나님께만 집중하십시오. 하나님과 일대일로 만나는 만남이 있어야 합니다. 눈물이 나오면 눈물을 흘리시고, 하나님이 주시는 기쁨이 있으면 웃으시고, 두 손을 들고 하나님만 찬양하십시오. 하나님 앞에서 내 가슴이 뜨거워지기를 소원하십시오. 예배가 살면 우리도 삽니다. 예배가 죽으면 우리도 죽습니다.

예배가 끝나도 삶의 예배는 계속되어야 한다

우리가 하나님께만 예배 잘 드리고 난 다음에 어떤 일이 곧잘 벌어집니까? 우리를 힘들게 하는 사람을 만나는 일이 잦지 않습니까? 사탄의 역사입니다. 하나님이 은혜 주셔서 전심으로 기도하고 나가려는데, 옆에 앉았던 사람이 한마디 합니다.

"그렇게 울면 속은 시원해서 좋겠어요."

은혜 받았다가도 그 한마디에 속이 뒤집어지지 않습니까? 다윗은 어땠습니까?

> 여호와의 궤가 다윗 성으로 들어올 때에 사울의 딸 미갈이 창으로 내다보다가 다윗 왕이 여호와 앞에서 뛰놀며 춤추는 것을 보고 심중에 그를 업신여기니라 삼하 6:15

하나님의 궤가 성으로 들어오는 것에 기뻐서 다른 것은 아무것도 생각하지 않고 오직 하나님만 바라보며 전심으로 찬양하고 춤을 추었던 다윗을 그의 아내이기도 한 사울의 딸 미갈이 업신여깁니다.

사실 남자는 사랑으로 사는 존재가 아니라 존경으로 사는 존재입니다. 여자는 사랑으로 살지만 남자는 존경으로 살지요. 부부 사이에서도 이 차이 때문에 티격태격하는 경우가 많습니다. 아내는 남편의 사랑을 확인하고 싶어서 "여보, 나 사랑해? 그럼 사랑한다고 말해줘"라고 하는데, 남편은 그것이 별로 중요하게 생각되지 않습니다. 그래서 "그걸 꼭 말로 해야 아나? 그래, 사랑해" 하고 대답합니다. 그러면 아내는 "그렇게 말고 마음을 담아서 말해줘요"라고 재차 요구하고, 남편은 "그래, 사랑한다니까!" 하고 거칠게 말해버립니다. 그러다 부부싸움이 시작되는 것이지요. 왜냐하면 아내는 진심이 담긴 말 한마디를 원했고, 남편은 자신의 "사랑한다"는 말에 대한 아내의 존경을 중요하게 생각하기 때문입니다. 남편은 말 한마디에도 진심을 담는 훈련이 필요합니다. 동시에 아내는 남편의 성의 없어 보이는 말 한마디라도 존경할 수 있어야 합니다.

아무튼 온 이스라엘의 왕이기도 한 다윗이 아내에게서 업신여김을 당했습니다. 남도 아닌 가장 가까운 아내에게 업신여김을 당한 것입니다. 이 같은 일이 우리에게도 자주 일어납니다. 우리가 하나님 앞에 온전히 예배드리고 나면 사탄은 더욱 교묘하게 우리를 공격합니다. 대표적인 수법이 가장 가까운 사람을 통하여 넘어뜨리려고 하는 것입니다.

따라서 우리가 반드시 기억해야 할 것은 예배는 교회에서만 드리는 것이 아니라는 것입니다. 예배는 우리의 삶으로 계속 드려져야 하는 것입니다. 사탄은 하나님이 우리에게 주시는 은혜를 막을 수 없습니다. 그러나 그 은혜를 잊게 하거나 빼앗아 갈 수는 있습니다. 삶의 예배를 소홀히 했다가는 하나님께 받은 은혜를 한순간에 다 잃어버릴 수도 있습니다.

아이고, 은혜를 다 쏟아버렸네!

그래서 깨어 있어야 합니다. 특히 하나님이 큰 은혜를 부어주신 후에는 더욱 민감하게 깨어 있어야 합니다. 그런데 이것이 말처럼 쉽지가 않습니다. 저는 성질이 좀 거친 편입니다. 은혜롭게 예배나 집회를 인도하고 나서 하나님이 주신 기쁨으로 가득 안고 자동차를 운전하며 집으로 돌아가는데 갑자기 확 끼어드는 차가 있습니다. 제가 어떻게 할까요? 은혜가 충만한 목사니까 "너의 가는 길에 축복 있으라!" 하고 말할까요? 아니요. 그렇게 안 됩니다. 얼굴은 붉어지고 입에서는 욕이 나오기 직전입니다. 그러다 보면 '아차!' 싶어집니다. 받은 은혜를 다 쏟아버린 겁니다.

'아이고, 은혜 다 쏟아버렸네!'

이렇게 한탄할 때가 얼마나 많은지 모릅니다. 우리는 다 그릇입니다. 온전한 그릇이 되어서 하나님이 주신 은혜를 잘 담아 가야 합니다. 받은 은혜를 쏟아버리지 않도록 늘 조심해야 합니다.

사탄은 우리가 은혜 받는 것을 얼마나 싫어하는지 모릅니다. 그러니 어떻게 해서든 우리가 은혜 못 받게, 예배의 자리로 못 나가게 하려고 애를 씁니다. 그리고 은혜를 받은 후에도 그 은혜를 쏟아버리도록 온갖 계책을 다 동원하지요. 그러니 우리의 공예배는 끝나도 삶의 예배는 계속된다는 사실을 잊지 말아야 합니다. 우리의 삶이 예배라는 것을 잊지 말고 늘 하나님 안에서 살기를 소원합니다.

예배드릴 수 있는데 무엇이 문제입니까?

우리가 예수님을 믿고 예배를 드릴 수 있는 것이 얼마나 감사한 일인지 모릅니다. 평생 성경을 연구하고 분석한 사람들 중에서도 끝내 예수님을 영접하지 못하고 죽는 경우가 있습니다. 히브리어와 헬라어로 된 원어 성경을 천 번이나 읽은 사람이 죽으면서 "나는 도저히 믿어지지 않는다"라고 말했다고 합니다. 믿음은 연구하고 분석해서 생기는 것이 아닙니다. 하나님의 은혜입니다. 예배도 마찬가지입니다. 예배도 은혜 받은 사람만이 드릴 수 있습니다. 그러니 예배를 드릴 수 있는 것이 얼마나 큰 은혜인지 모릅니다.

하나님 앞에 예배드리는 우리를 세상 사람이 조금 우습게보면 어떻습니까? 하나님 앞에 전심을 다해 예배하는 우리의 모습을 세상 사람들이 좀 무시하면 어떻습니까? 하나님의 이름 때문에 우리가 핍박을 받은들 또 어떻습니까? 하나님께 예배드리는 것이 좋은데 말입니다. 예배 가운데 부어주시는 하나님의 은혜가 말로 할 수 없을 만큼 좋은데 말입니다.

우리는 주님의 놀라운 사랑과 은혜 안에서 이보다 더 좋은 게 없다는 사실을 알고 있지 않습니까? 그러니 돈을 조금 못 벌면 어떻습니까? 건강이 조금 덜하면 어떻습니까? 이렇게 넘치는 하나님의 은혜가 있는데, 다른 게 조금 부족하면 어떻습니까? 오직 하나님 한 분만으로, 예수님 한 분만으로, 성령님 한 분만으로 이렇게 기쁘고 감사한데 말입니다.

저는 온 세계의 다음세대(next generation)들을 키우고 세우는 교회를 꿈꿉니다. 우리나라의 교회뿐 아니라 전 세계의 교회를 책임지는 다음세대들을 키우는 교회를 세우고 싶습니다. 하나님의 사명자들이 일어서는 교회가 되려면 예배 가운데 임하시는 하나님을 만나야 합니다. 지식만 쌓아서는 안 됩니다. 예배 가운데서 하나님을 일대일로 만나고 경험하는 은혜가 있어야 하는 것입니다.

예배를 통하여 성령께서 충만히 채우시는 은혜를 경험하기 바랍니다. 하나님 앞에서 자유롭게 기도하고 찬양하십시오. 예배를 받으시는 분은 오직 하나님이십니다. 성령 안에서 자유로운 교회, 성령의 은사를 받아들이는 교회, 성령의 임재가 충만한 교회가 되어야 합니다.

저는 가장 보수적이라고 할 수 있는 개혁주의 신학을 따르는 신학교를 졸업했습니다. 그러나 저의 지난 20년간의 사역 가운데 하나님께서는 성령의 여러 은사와 강력한 역사들을 체험하게 하셨습니다. 우리는 신학(神學)은 보수적이어야 하지만, 신앙(信仰)만큼은 열정적이고 뜨거워야 합니다. 세상에서 가장 맛없는 국은 뜨겁지 않은 국입니다. 국은 뜨거워야 제대로 맛이 납니다. 우리의 신앙도 예배 안에서 뜨겁게 일어나야 합니다.

우리가 다 하나님께 이렇게 기도하는 사람이 되기를 바랍니다.

"하나님, 최고의 예배를 드리는 하나님의 사람이 되겠습니다. 마음과 정성으로 나의 인생을 걸고 예배하겠습니다. 하나님의 진리와 영으로 나를 다스려주옵소서! 이 세상의 편안함과 명예를 다 내려놓고 하나님만 붙잡고 나아가겠습니다. 하나님, 성령의 충만한 역사와 은혜를 주옵소서! 최고의 예배를 하나님께 드리는 예배자가 되게 하여 주옵소서!"

07

하 나 님 의 에 이 스 로 사 는 법

하나님을 경외함으로
최고의 예배를 드려라

01 하나님은 예배자를 찾으신다

하나님은 예배자를 찾으십니다. 그것도 그저 그런 시시한 예배를 드리는 사람이 아닌 최고의 예배를 드리는 사람을 찾으십니다. 그리고 그렇게 예배하는 자들을 사용하십니다. 최고의 예배는 영과 진리로 드리는 예배입니다. 최고의 예배는 준비가 있는 예배입니다. 최고의 예배는 하나님께만 주인공의 자리를 내어드리는 예배입니다.

02 하나님의 방법대로 예배드려라

오늘날 하나님을 향한 최고의 예배를 방해하는 대부분의 것들은 편한 것들입니다. 세상의 편안함이 하나님 앞에 드리는 온전한 예배를 방해하기 시작한 것입니다. 우리가 예배를 온전히 드리기 위해서는 예배의 기초부터 닦아야 합니다. 무릎으로 나아가 전심으로 기도하고 하나님 앞에 마음을 드려 찬양하고 집중하여 말씀을 듣는 기초가 없이는 최고의 예배라고 할 수 없습니다.

03 예배가 죽으면 우리의 영도 살 수 없다

웃사는 하나님의 궤를 옮기는 과정에서 죽고 말았습니다. 실수로 하나님의 궤에 손을 댔기 때문입니다. 하지만 웃사는 그 한 번의 실수로 죽은 것이 아닙니다. 그 전부터 하나님을 경외하는 것을 잃어버리고 서서히 죽어가고 있었던 것입니다. 우리도 예배를 제대로 드리지 못하면 몸은 살아도 영은 죽어가고 있는 것입니다. 예배가 죽으면 우리의 영도 죽고 맙니다.

A

하나님의 마음에 합한 사람

하나님의 에이스

PART 03

전성기

CHAPTER 08

폼 나는 인생
받은 은혜를 나눌 줄 아는 인생을 살아라

다윗이 이르되 사울의 집에 아직도 남은 사람이 있느냐 내가 요나단으로 말미암아 그 사람에게 은총을 베풀리라 하니라 사울의 집에는 종 한 사람이 있으니 그의 이름은 시바라 그를 다윗의 앞으로 부르매 왕이 그에게 말하되 네가 시바냐 하니 이르되 당신의 종이니이다 하니라 왕이 이르되 사울의 집에 아직도 남은 사람이 없느냐 내가 그 사람에게 하나님의 은총을 베풀고자 하노라 하니 시바가 왕께 아뢰되 요나단의 아들 하나가 있는데 다리 저는 자니이다 하니라 왕이 그에게 말하되 그가 어디 있느냐 하니 시바가 왕께 아뢰되 로드발 암미엘의 아들 마길의 집에 있나이다 하니라 다윗 왕이 사람을 보내어 로드발 암미엘의 아들 마길의 집에서 그를 데려오니 사울의 손자 요나단의 아들 므비보셋이 다윗에게 나아와 그 앞에 엎드려 절하매 다윗이 이르되 므비보셋이여 하니 그가 이르기를 보소서 당신의 종이니이다 다윗이 그에게 이르되 무서워하지 말라 내가 반드시 네 아버지 요나단으로 말미암아 네게 은총을 베풀라 내가 네 할아버지 사울의 모든 밭을 다 네게 도로 주겠고 또 너는 항상 내 상에서 떡을 먹을지니라 하니 그가 절하여 이르되 이 종이 무엇이기에 왕께서 죽은 개 같은 나를 돌아보시나이까 하니라

삼하 9:1-8

하 나 님 의 에 이 스

다리를 절었던 므비보셋

사무엘하 9장의 말씀은 우리에게 하나님의 사랑을 보여줍니다. 여기에서 다윗은 사울의 집에 아직 남은 사람이 있는지 확인하여 그에게 은혜를 베풉니다. 요나단과의 약속을 기억한 것이지요. 그 대상이 바로 므비보셋입니다.

므비보셋은 요나단의 아들입니다. 므비보셋이 다섯 살 때, 기드온에 있는 사울의 궁전에 끔찍한 소식이 들려왔습니다. 그것은 길보아산에서 블레셋과의 전쟁 중에 사울과 요나단이 죽음을 당했다는 것이었습니다. 더욱이 블레셋 군사들이 므비보셋이 있는 사울의 궁전을 향해 오고 있다는 것이었습니다.

궁전에 있던 사람들은 다들 난리가 났습니다. 신하들과 하인들은 모두 살기 위해 도망쳤습니다. 그때 므비보셋의 유모가 므비보셋을 안고 뛰어가다가 그만 발을 헛디뎌서 그를 떨어뜨리고 말았습니다. 그 때문에 다섯 살이었던 므비보셋은 그때부터 두 다리를 절게 되었습니다.

> 사울의 아들 요나단에게 다리 저는 아들 하나가 있었으니 이름은 므비보셋이라 전에 사울과 요나단이 죽은 소식이 이스르엘에서 올 때에 그의 나이가 다섯 살이었는데 그 유모가 안고 도망할 때 급히 도망하다가 아이가 떨어져 절게 되었더라 삼하 4:4

마치 사극의 한 장면 같은 이야기입니다. 그 후 므비보셋은 로드발이라는 작은 마을에 정착하게 되었습니다. 므비보셋은 그곳에서 제대로 치료를 받지 못했던 것 같습니다. 그래서 두 발을 다 저는 심한 장애를 가진 채 성장합니다. 여러 책에서 므비보셋을 설명할 때, 그는 육체와 함께 그의 영성과 인성도 함께 장애를 입었다고 말하고 있습니다. 므비보셋은 심한 좌절감과 분노, 두려움과 상실감을 느끼며 살았을 것입니다. 그런 눈으로 세상을 보면 세상이 온통 두려움의 대상이요, 불평과 불만이 가득할 수밖에 없지요.

우리도 세상을 불평과 불만의 눈으로 보게 되면, 모든 것이 다 못마

땅할 수밖에 없습니다. 그래서 우리의 시각이 중요합니다. 하나님의 사람은 하나님의 뜻대로 볼 수 있는 눈을 가져야 합니다. 모든 것이 하나님의 계획 안에 있음을 늘 인식할 수 있어야 하고, 믿음으로 결정할 수 있어야 합니다. 이때 조심해야 할 것은 모든 일에 대하여 불평불만 하는 입술을 갖지 않는 것입니다.

부정적인 생각과 말은 사탄이 던져주는 것일 가능성이 높습니다. 앞에서 우리는 사탄의 공격 경로에 대해 살펴본 바 있습니다. 사탄이 우리의 무엇을 통해 공격한다고 했습니까? 맞습니다. 우리의 생각을 통해 공격합니다. 생각이 무너지면 그것이 악한 말로 나타납니다. 악한 말은 악한 행동을 낳습니다. 그리고 이 순환 고리는 항상 반복됩니다. 죄악의 악순환인 것이지요. 므비보셋은 이 악순환에 빠진 처절한 삶을 살았던 것입니다.

세상의 므비보셋들을 향해 나아가라!

그런데 사실 므비보셋의 입장에서 생각해보면 충분히 그럴 수밖에 없다는 생각이 듭니다. 그는 희망을 가질 만한 상황이 아니었습니다. 꿈도 그에겐 사치에 불과했지요. 그는 사울의 유일한 후손이었습니다. 어쩌면 아버지인 요나단에 이어 왕이 되어야 했던 사람이었습니다. 그런데 지금은 오히려 사울의 유일한 후손이라는 것이 자신의 목숨을 위협하는 이유가 되어버렸습니다. 자신이 왕이 되어야 하는데 다른 사람이 왕이 되었고, 자신은 정작 숨어서 살아야 하는 지경에 이른 것입니다.

이 세상을 살아가는 많은 사람들 역시 므비보셋처럼 희망 없이 살아갑니다. 소망 없이 살아갑니다. 그래서 교회가 그들의 희망이 되어야 합니다. 우리끼리만 서로 만족하며 좋아하는 교회가 아니라 사회와 이웃을 향한 긍휼과 자비와 사랑의 사역을 통해 이 세상의 수많은 므비보셋들을 향해 나아가는 교회가 되어야 합니다. 우리가 그렇게 살았으면 좋겠습니다. 우리가 조금 불편하고 조금 덜 누리더라도 그보다 더 많은 이웃들을 감싸 안을 수 있게 되기를 바랍니다. 꿈조차 꿀 수 없는 수많은 어린 영혼들과 작은 희망마저 포기해버린 수많은 영혼들을 우리가 책임질 수 있게 되기를 간절히 바랍니다. 이것이 우리의 꿈과 비전이 되었으면 좋겠습니다. 이 기도가 우리 모두의 기도가 되었으면 좋겠습니다.

"우리 교회의 부흥을 통하여 우리끼리만 좋은 교회가 되지 않기를 기도합니다. 하나님이 부어주시는 부흥의 은혜가 다음세대들을 일으키는 희망이 되게 하옵소서. 우리만 좋은 것을 갖지 않기를 원합니다. 우리가 꿈을 꾸지 못하는 사람들에게 다가가서 그들에게 기회와 소망을 주고 싶습니다. 우리 교회가 그런 교회가 되게 하옵소서."

또한 기도만 하지 말고 구체적으로 사역을 계획하고 실천할 수 있기를 바랍니다. 시간과 노력과 돈을 들여서 그들을 살려야 합니다. 말이 아닌 우리의 삶을 통해 "우리가 예수님의 사랑으로 사랑한다"고 선포하는 교회가 되기를 간절히 바랍니다.

요즘 같은 사회 분위기 속에서는 세상 사람들이 교회를 보면서 기뻐하거나 감동받는 일이 거의 불가능할 지경입니다. 욕만 안 해도 다행이란 생각도 듭니다. 그러나 이대로 체념해서는 안 됩니다. 이런 가운데서도 우리 교회가 "저 교회는 정말 필요한 교회구나"라는 인정을 받기를 소원합니다. 그런 은혜가 우리 모두에게 가득 넘치기를 기도합니다.

미국의 페리메터교회의 랜디 폽 목사님은 "교회가 얼마나 건강한지 알려면 그 교회 주변 사람들에게 물어보면 된다"고 말했습니다. 교회의 주변 사람들에게 "만약 저 교회가 없으면 어떻겠는가? 없어도 괜찮겠는가?"라고 물었을 때 "저 교회는 꼭 있어야 한다, 꼭 필요한 교회이다"라는 반응이 나오면 건강한 교회라는 것입니다. 하나님이 우리에게 부흥을 주시고 새로운 은혜를 주시는 것은 이 세상을 감당하는 주님의 몸으로 세우기 위함입니다. 그러므로 우리는 좋은 교회를 넘어서 넉넉한 교회가 되어야 합니다. 섬김에 넉넉한 교회, 나눔에 넉넉한 교회가 되어야 합니다. 돈도 많이 버십시오. 그리고 그 돈을 근사하게 쓰십시오. 하나님의 이름으로 세상을 위하여 근사하게 쓰십시오.

우리를 기억하는 분이 있다

므비보셋이 아무런 희망 없이 살아가고 있을 때, 다윗은 이스라엘을 강대국으로 세워가고 있었습니다. 이스라엘 주변 지역에 있는 강대국을 차례로 무너뜨렸습니다. 성경은 이 당시 다윗의 승리에 대해

"다윗이 어디로 가든지 여호와께서 이기게 하시니라"(삼하 8:6)라고 기록하고 있습니다.

온 이스라엘 사람들이 전쟁의 승리와 기쁨에 도취되어 있을 때 다윗은 자신의 친구 요나단을 기억했습니다. 이것은 결코 쉬운 일이 아닙니다. 전쟁 중이라는 분주함과 승리가 주는 기쁨이 가득할 때에 다윗은 사랑했던 친구 요나단을 떠올린 것입니다. 다윗은 그만큼 긍휼이 넘치는 사람이었습니다. 하나님은 우리에게 긍휼한 마음을 원하십니다. 넉넉한 마음을 원하십니다. 다윗은 요나단을 생각했을 뿐 아니라 그와 했던 약속을 기억했습니다. 그래서 그는 요나단의 아들인 므비보셋을 찾았습니다.

므비보셋은 다윗이 찾는다는 통보를 듣자마자 절망합니다.

'이제는 죽었구나. 나를 죽이려고 다윗이 드디어 나를 찾는구나.'

이렇게 생각한 것입니다. 므비보셋은 '이제는 다 끝났다'는 절망 가득한 심정으로 다윗이 보낸 나귀를 타고 예루살렘으로 향합니다.

혹시 당신은 예루살렘으로 향하고 있는 이 므비보셋처럼 곧 죽음이 다가올 것 같은 절망감에 사로잡혀 본 적이 있습니까? '내겐 더 이상 희망이 없어. 이제는 끝이야'라는 깊은 좌절과 절망감을 맛본 적이 있습니까? 그렇다면 이것을 기억하기 바랍니다. 다윗은 희망 없는 삶을 살던 므비보셋을 기억했습니다. 그를 돕기 위해 찾았습니다. 마찬가지로 우리를 기억하는 분이 계십니다. 우리를 돕기 위해 찾아오신 분이 계십니다. 다윗 왕보다 더 큰 긍휼과 능력을 가진 분이십니다. 바로 예수 그리스도이십니다. 우리 주 예수그리스도는 우리 인생의 문제뿐 아니라 영원한 문제까지 해결하십니다. 예수 그리스도가 우리의 구주이십니다!

희생을 무릅쓴 긍휼

예수 그리스도께서 지신 십자가는 바로 우리의 십자가였습니다. 이 세상에서 세상 것만을 위해 살다가 항상 배고픔과 목마름 속에서 죽어야 할 존재가 바로 우리입니다. 그런 우리를 위해 예수님이 우리 대신 죽음을 택하셨습니다. 그 죽음만이 주님이 사랑하시는 우리를 살릴 수 있는 유일한 길이었기 때문입니다.

우리는 그렇게 은혜를 받은 존재입니다. 그런데도 우리는 내 옆에 있는 지체도 사랑하지 못합니다. 세계의 부흥을 위해 기도하지만 내 옆 가장 가까이에 있는 지체의 작은 실수도 용납하기 어렵습니다. 나에게 조금만 무례히 구는 사람이 있으면 부글부글 끓어오르는 분노를 참지 못합니다.

그러나 하나님은 하나님이 우리를 기억하시고 돌아보셨던 것처럼 우리가 긍휼이 넘치는 마음을 품기를 바라십니다. 사랑과 긍휼의 마음이 있어야 합니다. 주님이 우리를 먼저 찾아오셨던 것처럼 우리가 약한 자들을 먼저 찾아가 도와주어야 합니다. 저의 아버지는 저에게 돕는 것에 대해 항상 이런 말씀을 하셨습니다.

"누군가를 도와주려면 네게 불편과 희생이 따른다."

그렇습니다. 누군가를 돕기 위해서는 희생하지 않을 수 없습니다. 이것이 진짜 그리스도인의 마음가짐입니다. 그러면 더 도와줄 수 있는 인생이 될 것이고, 더 누릴 수 있는 인생이 될 것이며, 더 나눠줄 수 있는 인생이 될 것입니다.

열왕기상 17장에 보면 엘리야가 사르밧 과부를 찾아간 장면이 나옵니다. 당시 이스라엘은 물론 주변 지방까지 가뭄으로 고통이 이만저만이 아니었습니다. 시돈 지역의 사르밧 과부와 아들은 마지막 남은 가루와 기름으로 떡을 만들어 먹고 죽을 준비를 하고 있었습니다. 그때 엘리야 선지자가 와서 그 마지막 남은 음식을 달라고 합니다.

저 같았으면 "그 음식이 어떤 음식인데!" 하면서 안 주었을 것입니다. 그런데 이 과부는 선지자에게 순종해서 음식을 정성껏 준비해 대접했습니다. 그러자 무슨 일이 일어났습니까? 통에 가루와 기름이 끊이지 않는 기적이 일어났습니다. 사르밧 과부와 엘리야의 만남은 하나님이 엘리야를 먹이고자 한 것이 아니었습니다. 오히려 사르밧 과부를 먹이고 살리기 위해서 엘리야를 보내신 것입니다. 그 시작은 사르밧 과부의 희생을 무릅쓴 베풂에서 시작되었습니다. 베풀면 끊이지 않을 것입니다.

은혜에 대한 열매를 맺어라

요나단은 다윗에게 은혜를 베풀었습니다. 자기 아버지가 다윗을 죽이기 위해 혈안이 되어 있다는 것을 알고 있는 상황에서 어떤 불이익

이 있더라도 그것을 감수하고 친구를 도운 것입니다. 그 은혜 덕분에 다윗은 생명을 보존할 수 있었습니다. 그리고 요나단이 베푼 은혜는 지금 다시 요나단의 아들인 므비보셋에게 돌아가고 있습니다. 요나단이 베푼 은혜로 말미암은 열매였습니다.

우리는 예수님의 은혜로 말미암아 구원을 받았습니다. 그렇다면 우리도 예수님의 은혜에 대한 열매를 맺어야 할 것입니다. 우리가 맺어야 하는 그 열매가 무엇인지 성경은 본문의 다윗을 통해 보여주고 있습니다. 다윗이 보여주고 있는 예수 믿는 사람의 열매가 무엇입니까?

첫째, 은혜를 잊지 않는 것

다윗은 받은 은혜를 잊지 않았습니다. 그는 먼저 골리앗과의 싸움에서 보았듯이 하나님의 은혜를 늘 기억하며 살았던 사람입니다. 이런 다윗의 성품은 사람과의 관계에서도 드러납니다. 다윗은 요나단에게 받았던 은혜가 있었습니다.

> 요나단이 다윗에게 이르되 평안히 가라 우리 두 사람이 여호와의 이름으로 맹세하여 이르기를 여호와께서 영원히 나와 너 사이에 계시고 내 자손과 네 자손 사이에 계시리라 하였느니라 하니 다윗은 일어나 떠나고 요나단은 성읍으로 들어가니라
>
> 삼상 20:42

요나단은 다윗을 여러 번 살려주었습니다. 다윗은 요나단이 베풀어 주었던 그 은혜를 결코 잊지 않았습니다.

하나님은 다윗과 같이 받은 은혜를 잊지 않는 사람을 사용하십니다. '은혜를 잊지 않는 사람'의 다른 표현은 '감사할 줄 아는 사람'입니다. 은혜를 받았다면 감사는 당연한 것입니다. 감사는 '우리가 받은 은혜'를 당연한 것으로 인정하지 않는 것입니다. 감사는 하나님이 내게 주실 이유도 없고 나 역시 받을 자격이 없음에도 불구하고 주신 것에 대한 마땅한 반응인 것입니다.

그러므로 감사할 줄 아는 사람이 되어야 합니다. 하나님의 은혜에 감사할 줄 알고, 부모님의 은혜에 감사할 줄 알고, 스승의 은혜에 감사할 줄 알고, 내게 주어진 것에 감사할 줄 아는 사람이 되어야 합니다. 그런 사람을 하나님이 사용하십니다.

둘째, 약속을 지키는 것

다윗은 요나단이 베풀었던 은혜뿐 아니라 그와 맺었던 약속도 있지 않았습니까. 우리는 정치가들이 약속만 남발하고 이행하지 않는 것을 무척 싫어합니다. 그래서 정치가가 내거는 공약은 신뢰조차 하지 않는 경우가 많습니다. 그러나 우리의 모습은 어떻습니까? 약속을 잘 지키며 살고 있나요? 그리스도인은 하나님의 약속을 붙들고 구원받은 사람들입니다. 그러므로 약속을 함부로 남발하지 말고, 또 이미 했거나 하게 되는 모든 약속은 지키기 위해 노력해야 합니다.

다윗은 요나단이 죽었음에도 불구하고 그와 했던 약속을 지켰습니다. 요나단의 자녀 므비보셋에게 요나단과의 약속을 이행한 것입니다. 약속했던 당사자가 이미 죽은 상황에서 그 약속을 기억할 이는 아무도 없습니다. 다윗만 모른 체하면 누구도 알 수 없는 약속입니다. 굳이 약속을 지키지 않아도 되는 상황이었습니다. 그럼에도 불구하고 다윗은 신실하게 약속을 이행합니다. 하나님의 사람은 다윗과 같이 약속을 지킬 줄 알아야 합니다.

셋째, 사랑할 줄 아는 것

히브리어로 '사랑'이라는 단어는 '헤세드'입니다. 동시에 '헤세드'는 '사랑'이라는 한 단어로 표현할 수 없는 복합적인 의미를 포함하고 있는 단어입니다. 성경에서 '헤세드'라고 할 때는 '언약을 맺은 사랑', '충성을 약속한 사랑'을 말합니다. '내가 사랑한다, 안 한다'의 단순한 감정이 아니라 언약을 맺은 것처럼 어떤 상황이 오든지 변하지 않고 끝까지 사랑하기로 약속한 것을 말하는 것입니다. 충성을 다짐하듯이 의지를 사용하여 사랑하기로 결심했다는 뜻입니다. '헤세드'는 하나님이 우리에게 주신 사랑입니다. 하나님은 우리에게 의지적이고 변하지 않는 무한한 사랑을 약속하셨습니다.

하나님은 우리에게 의리를 지키시고 끝까지 함께하십니다. 우리도 하나님께 의리를 지켜야 합니다. 세상에서도 의리 없는 사람은 사람 취급 안 하지 않습니까? 저는 미국에서 살 때 한동안 친구들과 어울려 싸움질하며 돌아다니던 방황하던 시절이 있었습니다. 그러다 주님께로 돌아오게 되었지요.

그런데 교회 공동체에서 놀라운 점을 발견했습니다. 사랑이 넘치고 착한 사람들을 발견했기 때문이 아닙니다. 오히려 제가 친구 할 만한 사람이 없어서 놀랐습니다. 무슨 남자들이 다 의리도 없고, 소심하고, 무슨 말만 하면 상처받았다고 하더군요. 그땐 '뭐 이런 애들이 있나?' 싶었습니다. 그래서 오히려 저는 교회에서 참된 친구를 만나기가 어려웠습니다. 적어도 믿지 않는 학교 친구들은 친구가 맞으면 함께 가서 싸워줍니다. 같이 맞더라도 함께 있어주었습니다.

요즘에도 저는 교회 안에서 오히려 의리 없는 모습을 종종 봅니다. 믿음이 없다는 뜻이 아닙니다. 하지만 의리는 조금 없는 것 같습니다. "당신은 사랑받기 위해 태어난 사람"이라고 축복송은 많이 불러줍니다. 그러나 실제로 축복을 전하는 삶을 사는 사람은 별로 없습니다. 사랑에 대한 표현은 많지만, 사랑의 실천은 없습니다. 같이 있어주는 것이 사랑이며 의리입니다. 성도들을 향해 어떤 상황에서라도 함께 있어주는 것이 의리이며 목양입니다. 하나님의 사랑 방식도 늘 우리와 함께해주시는 것입니다. 우리를 향해 늘 의리를 지키시는 하나님을 바라보며 우리도 의리를 지키는 사랑을 실천해야겠습니다. 이것이 받은 은혜에 대해 우리가 맺어야 할 열매입니다!

받은 은혜를 기억하고 나눠라

다윗이 요나단의 약속을 기억하고 추억할 만큼 여유가 있었던 것은 아닙니다. 당시 이스라엘은 영역을 넓혀가는 전쟁이 한창이었습니다. 더군다나 다윗은 싸움만 하면 승리했습니다. 다윗이 어디로 가든지 하나님께서 승리하도록 하셨습니다. 다윗은 아마 계속 싸우고 싶었을 것입니다. 더 많은 대적들을 굴복시키고 싶었을 것입니다. 그런데 다윗은 영토 넓히는 것을 잠시 중단하고 므비보셋에게 마음을 쏟았습니다. 므비보셋은 그런 대접을 받을 만한 자격이 없는 사람이었습니다. 성격도 괴팍하고 쓸모없는 사람이었습니다. 그런 므비보셋을 데려와서 다윗은 자신의 아들과 같은 대우를 해주었습니다.

"너는 나와 같이 먹고 나와 같이 산다."

하나님이 우리를 이같이 사랑하셨습니다. 다윗과 비교할 수 없는 사랑을 우리에게 베푸셨지요. 우리가 하나님을 사랑하지 않을 때에도 하나님은 우리를 사랑하셨습니다. 우리가 하나님과의 약속을 지키지 않을 때에도 하나님은 우리에게 약속을 지키셨습니다. 이제는 우리가 하나님의 사랑과 약속을 이 세상에 보여주어야 할 차례입니다. 그것이 우리에게 주어진 책임입니다.

그러기 위해서는 찾아가야 합니다. 지금 생각나는 '그 사람'에게 찾아가십시오. 누구에게나 '내가 도와야겠다', '내가 용서해야겠다', '내가 위로해야겠다' 하는 사람들이 있을 것입니다. 지체하지 말고 찾아가십시오. 찾아가서 작은 것부터 베푸십시오. 나누면 배가 됩니다.

사랑을 베풀면 사랑을 베푸는 스케일이 커집니다. 그러니 기회가 있는 대로 최선을 다해 베푸십시오. 하나님이 기뻐하십니다.

볼품없는 인생이 되지 말라

요즘 십대들이 쓰는 은어 중에 '찌질이'라는 말이 있습니다. 무슨 의미인지 아시겠습니까? '지지리도 못난 친구 또는 볼품없는 행동이나 모습을 한 친구'를 일컫는 말입니다. 교회 안에도 이런 사람들이 있습니다. 어떤 사람들입니까? 하나님께 풍성한 은혜를 받고 온갖 감사할 이유가 넘치는데도 불구하고 인색하기 짝이 없는 사람입니다. 또 이런 사람은 자기 자신에게는 관대하면서 다른 사람에게는 굉장히 엄격합니다. 그래서 다른 사람의 아픔이나 고통을 이해하지 못하고 위로하거나 돕지도 못하지요. 한마디로 찌질이입니다.

우리는 이런 영혼의 찌질이가 되지 말아야 합니다. 볼품없는 인생이 되어서는 안 됩니다. 하나님 앞에서, 교회 안에서, 또 이 세상을 향해서 넉넉한 마음으로 나눌 수 있는 인생이 되어야 합니다.

하나님과의 의리를 지켜라

결혼할 때 부부는 결혼 서약을 합니다. 하나님 앞에서 남녀가 언약을 맺는 것입니다. 약속하는 내용은 사실 이렇습니다.

"나는 이 여자를 선택하여 내 아내로 삼아 이 세상에 있는 모든 여자를 포기합니다."

"나는 이 남자를 내 남편으로 삼아 이 세상에 존재하는 모든 남자를 포기합니다."

저는 주례할 때 반드시 이렇게 질문합니다.

"당신들이 지금 무슨 약속을 하는지는 알고 있습니까? 남자가 여자를 유일한 아내로만 삼아 사랑하고, 여자는 남자를 유일한 남편으로 삼아 사랑하겠다는 선언입니다. 다시 말하면, 남자는 이 세상에 존재하는 모든 여자를 결혼하는 순간 포기하는 것을 선언하는 것입니다. 여자도 마찬가지입니다."

이렇게 말하면 신랑들의 눈이 흔들립니다. 그러나 그것이 사실입니다. 무를 수 없습니다. 신앙도 결혼 서약과 같습니다.

"예수 그리스도를 나의 신랑으로 삼아 이 세상에 존재하고 있는 모든 것을 포기합니다."

그리스도인이 된다는 것은 예수 그리스도의 아름다운 신부가 된다는 것입니다.

이 약속을 지키기 위해 의리를 지켜야 합니다. 목숨을 걸어야 합니다. 저는 청년들에게 "믿음이 없으면 의리라도 있어라"라고 당부합니다. 신앙은 하나님과의 의리를 지키는 것입니다. 왜냐하면 때로는 하나님이 이해가 되지 않거나 내 마음에 들지 않을 때가 있기 때문입니다. 믿음으로 못 버틸 순간이 찾아오기도 하지요. 하지만 그런 순간에 우리는 의리로 버텨야 합니다.

하나님이 지금 교회를 바라보시며 어떤 마음이실까요? 은혜와 사랑에 감사하지 못하는 모습을 보시는 하나님의 마음이 어떠실까요? 속상해 하시며 가슴 아파하지 않으실까요? 이웃을 향해 예수님의 사랑을 나누고 전하며 나아가야 하는데, 그런 것은 하나도 안 하면서 "저 좀 안아주세요. 저 좀 알아주세요"라고 조르기만 하는 성도들을 보며 하나님이 얼마나 마음이 아프시겠습니까? 우리는 바른 기도를 배우는 성도가 되어야 합니다. 하나님의 마음을 알고 하나님의 은혜와 사랑을 실천하는 성도가 되어야 합니다. 하나님과의 의리를 지키는 성도가 되어야 합니다.

다윗은 므비보셋을 기억했습니다. 지금 당신에게 기억나는 사람은 누구입니까? 그 사람에 대한 긍휼과 사랑의 책임이 당신에게 있습니다. 지금 그것을 실천하십시오!

08

하나님의 에이스로 사는 법

받을 줄만 알고 줄 줄 모르는
옹졸한 인생을 살지 말라

01 받은 은혜를 잊지 말라

다윗은 온 이스라엘이 전쟁의 승리와 기쁨에 도취되어 있을 때 자신의 친구 요나단을 기억했습니다. 자신이 어려울 때 그로부터 받은 은혜를 잊지 않은 것입니다. 그리고 요나단과의 약속을 기억했습니다. 우리는 받은 은혜를 잊지 않는 사람이 되어야 합니다. 은혜를 잊지 않는다는 것은 감사할 줄 안다는 말입니다. 하나님은 감사하는 사람을 사용하십니다.

02 우리를 기억하고 찾아오시는 분이 있다

요나단의 아들 므비보셋은 두 다리를 절었던 자입니다. 그는 평생 죽음의 공포와 두려움 속에서 살았습니다. 다윗이 희망 없는 삶을 살던 므비보셋을 기억했습니다. 그리고 그에게 은혜를 베풀었습니다. 우리에게도 우리를 기억하는 분이 계십니다. 우리를 돕기 위해 찾아오신 분이 계십니다. 바로 예수 그리스도이십니다!

03 먼저 사랑하고 희생을 감수하며 섬겨라

우리는 예수님의 사랑과 섬김을 받은 자들입니다. 그래서 하나님은 우리에게 우리가 은혜와 긍휼을 받은 것처럼 우리 역시 은혜와 긍휼을 베푸는 자가 되기를 원하십니다. 주님이 우리를 먼저 찾아오셨던 것처럼 우리도 약한 자들을 먼저 찾아가 도와주어야 합니다. 누군가를 도와주려면 우리에게는 불편과 희생이 따르기 마련입니다. 그럼에도 내가 받은 은혜를 기억하고 나누고 베푸는 삶이 하나님의 사람다운 폼 나는 삶의 모습입니다.

CHAPTER 09

가장 위험한 시간
내 인생의 왕으로
등극하는 순간을 조심하라

그 해가 돌아와 왕들이 출전할 때가 되매 다윗이 요압과 그에게 있는 그의 부하들과 온 이스라엘 군대를 보내니 그들이 암몬 자손을 멸하고 랍바를 에워쌌고 다윗은 예루살렘에 그대로 있더라 저녁 때에 다윗이 그의 침상에서 일어나 왕궁 옥상에서 거닐다가 그 곳에서 보니 한 여인이 목욕을 하는데 심히 아름다워 보이는지라 다윗이 사람을 보내 그 여인을 알아보게 하였더니 그가 아뢰되 그는 엘리암의 딸이요 헷 사람 우리아의 아내 밧세바가 아니니이까 하니 다윗이 전령을 보내어 그 여자를 자기에게로 데려오게 하고 그 여자가 그 부정함을 깨끗하게 하였으므로 더불어 동침하매 그 여자가 자기 집으로 돌아가니라 그 여인이 임신하매 사람을 보내 다윗에게 말하여 이르되 내가 임신하였나이다 하니라

삼하 11:1-5

가장 약한 시간

사무엘하 11장에 기록되어 있는 다윗과 밧세바의 동침 이야기는 아주 유명한 이야기입니다. 많은 사람들이 '다윗' 하면 골리앗과 함께 밧세바를 떠올리지요.

승승장구하던 다윗의 인생에 밧세바가 등장합니다. 사실 다윗이 밧세바를 만난 것은 어찌 보면 골리앗을 만났을 때와 마찬가지로 인생의 시험이었을 것입니다. 하나님이 우리 인생에 어떤 사람을 만나게 하실 때나 어떤 상황에 놓이게 하실 때는 그것이 때로 우리 신앙의 시험이라는 사실을 기억해야 합니다. 다윗은 골리앗이라는 시험은 잘

통과했습니다. 그래서 하나님께 큰 신뢰를 받았지요. 하지만 다윗은 밧세바라는 시험에서는 떨어지고 맙니다.

그런데 여기에서 우리가 짚고 넘어가야 할 것이 있습니다. 골리앗을 만났을 때 다윗은 가진 것이 아무것도 없는 인생이었습니다. 그때 그는 이름이 알려지지 않은 무명의 목동에 불과했습니다. 자기 집에서조차 대접 못 받는 막내아들이었습니다. 그런데 밧세바를 만났을 때의 다윗은 유다와 이스라엘을 통합한 위대한 왕이었습니다. 또한 사무엘하 11장 1절에서 볼 수 있는 것처럼, 웬만한 전쟁에는 자신이 나가지 않아도 될 만큼 강한 나라를 구축한 왕이 되었습니다. 이처럼 많은 것을 가지고 있었던 때에 다윗은 가장 약한 시간을 맞게 되었습니다.

혹시 지금 눈물만 흐르고 기도밖에 할 수 있는 것이 없는 상황에 있습니까? 사업도 잘 안 되고 건강도 안 좋아져서 애통의 기도를 하나님께 드리고 있습니까? 그 시간이 믿음의 사람에겐 오히려 은혜의 시간입니다. 하나님의 역사하심을 볼 수 있는 기회입니다.

믿는 자에게 가장 약한 시간은 모든 일이 잘되고 있을 때입니다. 우리가 건강할 때입니다. 바로 내가 내 인생의 왕이 되었을 때입니다. 하나님을 나의 왕으로 섬길 때에는 문제없습니다. 그런데 내가 직접 내 인생의 왕이 되기 시작한 때부터는 연약해지기 시작합니다. 다윗과 같이 하나님 앞에 온전한 삶의 예배를 드리던 사람도 이렇게 되었습니다.

설마 했던 일이 벌어졌다

어느 날 저녁 밧세바가 목욕을 하고 있었습니다. 왜 보이는 곳에서 목욕을 했는지는 아무도 모릅니다. 밧세바도 설마 누가 볼 것이라고는 생각하지 않았을 것입니다. 그런데 설마 하던 그 일이 일어났습니다. 그래서 저는 우리 교회 자매들에게 이렇게 구체적으로 부탁하곤 합니다.

"형제들은 보는 것에 약합니다. 그러니 너무 자극적인 옷을 입고 다니지 말아주세요. 유혹될 만한 옷을 입고 다니면 안 됩니다. 특히 믿음의 젊은이들은 모든 것에 더욱 조심해야 합니다. 세상이 다 입는다고 해도 우리는 그렇게 입으면 안 됩니다. 짧게 입지 마세요."

아무튼 밧세바가 저녁이 되어 목욕을 하는데 생각지도 못한 문제가 일어났습니다. 이스라엘의 가옥의 형태는 대부분 한국에서 흔히 볼 수 있는 옥상이 있는 단독주택 같은 낮은 건물이었습니다. 그러니 궁전이 제일 높았을 것입니다. 다윗이 그날 저녁에 궁전의 옥상을 걷고 있었습니다.

제 생각에는 다윗이 옥상을 걷기 전에 낮잠을 잤을 것 같습니다. 뜨거운 대낮에는 낮잠을 자고 선선해지기 시작하면 잠깐 업무를 봤을 것 같습니다. 들려오는 소식은 모두 전쟁에서 승리했다는 소식이니 걱정할 것도 없고 해서 바람도 쐬고 쉴 겸 옥상을 걸었던 것입니다. 그런데 웬 여자가 목욕을 하는 것이 보였습니다.

죄를 바라보지 말라

밧세바가 목욕하던 장소가 왕궁 옥상에서 가까운 거리는 아니었을 것입니다. 왜냐하면 다윗이 그 모습을 보았을 때 "심히 아름다웠다"라고 단정 짓지 않고 "심히 아름다워 보이는지라"라고 추정하고 있기 때문입니다. 이것은 굉장히 중요한 단서입니다. "심히 아름다워 보이는지라"라는 것은 그 여자가 심히 아름다웠다는 것입니까? 아니면 아름다울 가능성이 있다는 것입니까? 다윗 입장에서는 목욕하고 있는 여인이 100퍼센트 예쁜지 아닌지 확실치 않습니다. 몸매는 괜찮아 보여도 자신의 이상형이 아닐 수도 있습니다. 그런데 이미 보지 말아야 할 것을 본 다윗은 마음에 죄의 생각을 품었습니다. 게임 끝입니다.

'하나님 앞에 진실한 예배자'로 정평이 높았던 다윗 같은 사람도 보지 말아야 할 것을 보고 "어머나, 저게 뭐야? 저런 것은 내가 보면 안 되는데. 하나님 제 마음을 지켜주세요" 하고 뒤돌아서지 않으면 넘어집니다. 그런데 다윗은 눈을 감거나 뒤돌아서지 않고 그 여인을 바라보며 '심히 아름다워 보인다'는 생각을 한 것입니다.

"어! 저게 뭐야? 괜찮아 보이는데?"

이렇게 반응하는 순간 게임 끝입니다. 사탄과의 영적 전쟁에서 이미 승산이 없는 것입니다.

우리는 죄에 강하지 않습니다. 그러니까 죄에 대한 것은 보는 것도 안 됩니다. 죄는 눈으로 시작됩니다. 인류 최초의 범죄도 그랬습니다. 죄는 대부분 보는 것으로 시작되고, 그 보는 데서 다음 단계로 이어집니다. 따라서 보는 것을 조심하지 않으면 안 되는 것이지요.

　자매들은 예쁜 물건을 좋아합니다. 특히 좋아하는 것을 발견하면 가던 길을 멈추고 한동안 감상하다가 필요 없어도 사고 맙니다. 형제들은 예쁜 여자를 보면 좋아하지요. 자기가 좋아하는 이상형 여성이 지나가면 아내나 여자 친구가 옆에 있어도 고개와 시선이 절로 돌아가는 것이 남자입니다. 그러므로 남성들은 나이를 막론하고 이상한 것은 보지도 마십시오. 예쁜 여자도 보지 마세요. 예쁘면 차라리 눈을 감아버리세요. 사탄이 그 여자를 통해 내 생각에 틈타면 그땐 이미 늦습니다. 그때부터 기도가 잘 안 됩니다. 그것이 죄의 시작입니다. 우리 모두가 이 부분에 약합니다. 젊은 사람만 약한 것도 아니고 모두가 약하지요. 조심해야 합니다.

잠시의 정욕이 부른 죽음

> 다윗이 사람을 보내 그 여인을 알아보게 하였더니 그가 아뢰되 그는 엘리암의 딸이요 헷 사람 우리아의 아내 밧세바가 아니니이까 하니 삼하 11:3

　다윗은 신하를 보내어 자신이 보았던 그 여인이 누구인지 알아보게 합니다. 여기까지는 우리도 이해할 수 있습니다. 자기 눈에 아름답게 보였던 그 여인이 누구인지 궁금할 수 있습니다. 확인을 해볼 수도 있지요. 그런데 신하가 그 여인에 대해 알아보고 보고한 이후 다윗의 행동이 문제입니다. 다윗의 신하가 "그 여인은 헷사람 우리아의 아내 밧세바입니다"라고 보고를 했으면 "아이고, 그래. 우리아의 아내였구나. 알았다" 하고 넘어갔으면 될 일이었습니다.

하지만 다윗은 자신의 정욕을 멈추지 않았습니다. 죄악 된 생각을 멈추지 않은 것이지요. 처음엔 작았던 그 생각이 어디까지 커졌나요? 우리아를 죽이는 살인의 죄를 짓기까지 커져버립니다.

사람은 성령이 충만하면 성령의 일을 합니다. 하지만 유혹의 생각과 정욕으로 충만하면 그것은 반드시 우리를 죄악의 길로 인도합니다. 이 사실을 절대 잊어서는 안 됩니다.

지금 우리에게는 의로운 사람이 필요합니다. 교회 안에 의로운 하나님의 사람이 필요합니다. 이 사회에 하나님의 정의로 충만한 의로운 사람이 필요합니다. 의로운 하나님의 사람들이 일어나야 합니다. 그래서 넘실대는 부정적인 영향력을 차단할 수 있도록 영향력을 발휘할 수 있어야 합니다. 날로 더 악해지는 이 사회를 도리어 선한 영향력으로 덮을 수 있어야 하겠습니다.

죄에 무감각해지는 것을 조심하라

저를 포함해 최근의 그리스도인들을 보면 치명적인 문제가 있다는 생각을 멈출 수가 없습니다. 그것은 우리가 살면서 죄에 민감하지 않다는 것입니다. 특히 보는 것에 민감하지 않습니다. 우리는 TV 드라마나 영화를 볼 때도 민감하게 구별하여 볼 수 있어야 합니다.

요즘 드라마를 보다 보면 정말 얼굴을 들 수 없을 때가 많습니다. 불륜이나 동성애가 아름다운 사랑이야기로 둔갑합니다. 만나자마자 사랑한다는 이유로 육체적인 관계를 맺는 것이 어느덧 자연스러워졌습니다. 폭력은 멋있는 남자의 필수 요건이 되고 말았지요. 이런 것들은 성경적으로 분명 죄입니다. 그런데 우리는 그런 영화나 드라마를 보면서 그것이 죄라는 사실을 인식하지 못합니다. 그냥 아무렇지도 않게 보지요. 그 정도로 우리는 죄악 속에 무뎌진 채 살아가고 있는 것입니다.

제가 미국에 살 때 뉴욕에 '딱 한 잔만'이라는 이름의 한국 술집이 있었습니다. '딱 한 잔만'이라니 술집 이름이 참 재미있지 않습니까? 손님들이 모두 '딱 한 잔만' 마시고 돌아갔을까요? 손님이 한 잔 마시고 "여기 한 잔만 더 주세요" 하면 주인이 "안 됩니다. 저희는 딱 한 잔만 팝니다"라고 했을까요? 그럴 리가 없지요. 그런데 왜 가게 이름을 왜 '딱 한 잔만'이라고 했을까요?

일단 딱 한 잔만 먹으라는 것입니다. 그러면 한 잔이 두 잔 되고, 두 잔이 세 잔 되고, 그러다 보면 술독에 빠지게 된다는 것입니다. 술을 다스릴 수 있는 사람이 없다는 것입니다. 죄악도 마찬가지입니다. 작은 죄 한 번이 무섭습니다. 그 한 번이 두 번 되고, 두 번이 일상이 되고, 나중에는 더 큰 죄도 아무런 죄책감 없이 저지르는 것이 죄악 된 우리 인간의 본성입니다. 그러므로 아무리 작은 죄라도 우리는 늘 깨어서 민감하게 반응해야 하는 것입니다.

죄악은 하나님의 은혜를 끊어버린다

아무리 작은 죄악일지라도 유혹을 받고, 그것을 생각하고, 그 생각을 내 마음에 품게 되면 끝장입니다. 그렇게 되면 이미 죄를 이길 수 없는 상태가 됩니다. 유혹을 받았습니다, 생각이 납니다. 그러면 얼른 거기서 차단시켜야 합니다. 더 이상 생각이 커지지 않도록, 마음에 품지 않도록 "안 돼. 이것은 주님의 뜻이 아니야. 주님, 저를 도와주세요"라고 기도하며 차단해야 합니다.

기도하면서 계속 연습하다 보면 죄의 생각을 차단시키는 것을 더 잘할 수 있게 됩니다. 그러면 그것이 유혹당하고 싶은 흥미로운 것이 아니라 싫어집니다. 추잡해 보이고 어리석어 보이지요. 우리의 생각이 죄악에 대해 그렇게 반응하도록 끊임없이 기도해야 합니다. 특별히 연약한 사람만 유혹에 넘어가는 것이 아닙니다. 다윗이 유혹에 넘어간 것을 보십시오. 그가 특별히 타락했기 때문이 아닙니다. 우리도 다 언제든지 넘어질 수 있는 존재입니다. 그래서 항상 조심해야 하는 것입니다.

흔히 말하는 잘나가는 시기에는 '내가 내 인생의 왕'인 경우가 많습니다. 그때 가장 조심해야 합니다. 정신 차려야 합니다. 신하가 "우리아의 아내 밧세바가 아닙니까?"라고 말했는데도 다윗이 계속해서 음욕을 품었던 이유가 무엇이겠습니까? 무엇이든 다 할 수 있는 왕의 자리에 있다는 자신감이 죄악을 부추긴 게 아닐까요? 그래서 살면서 가장 힘들고 어려운 시간이 오히려 우리에게 강한 시간이고, 세상의 눈으로 볼 때 성공 가도를 달리고 있는 그때가 우리에게 가장 약한 시간이라고 하는 것입니다.

다윗은 결국 밧세바를 데리고 와서 하룻밤을 같이 보내고 다시 집으로 돌려보냈습니다. 다윗은 밧세바를 집으로 돌려보내면 아무도 모를 줄 알았습니다. 남편 우리아도 전쟁터에 나가고 없으니 아무 일 없이 그냥 지나갈 수 있을 것이라고 자신했겠죠. 그런데 큰일이 생겼습니다. 밧세바가 임신을 한 것입니다. 밧세바로부터 그 사실을 들은 다윗은 가장 먼저 '이 사실을 어떻게 숨길까? 나의 죄를 어떻게 하면 감출 수 있을까?'를 강구했습니다.

다윗은 하나님에 대한 마음을 완전히 잃어버렸습니다. 하나님의 눈은 상관없이 사람의 눈만 속이면 된다고 생각하고 있습니다. 죄가 다윗으로 하여금 하나님과의 관계를 저버리게 만든 것입니다. 다윗으로 하여금 온전한 예배를 드리지 못하게 만들었습니다.

제가 볼 때 다윗은 밧세바와의 동침 이후에도 예배를 드렸을 것 같습니다. 제사장들과도 좋은 관계를 맺고 있었을 것입니다. 그런데 왜 예배를 계속 드렸음에도 불구하고 다윗에게 변화가 없었을까요?

하나님은 죄를 품고 회개하지 않는 사람의 예배를 받지 않으시기 때문입니다. 죄를 품고 회개하지 않는 사람들의 예배에는 은혜가 없습니다. 능력이 없습니다. 하나님의 은혜와 하나님이 주시는 능력이 없이는 사람을 변화시키지 못합니다. 예배를 드리면서도 악행을 하는 사람이 있는 것은 그런 까닭입니다. 다윗이 그랬습니다. 우리도 조심해야 합니다. 아무리 많은 사람들이 모여서 예배를 드린다 하더라도 하나님께서 모든 사람의 예배를 받으시는 것은 아닙니다. 하나님께서는 하나님 앞에 깨끗하기를 원하는 사람의 예배를 받아주십니다.

포기하지 않으시는 하나님

그러나 하나님은 이같이 변해버린 다윗을 포기하지 않으셨습니다. 이 사실에 우리의 소망이 있습니다. 여기서 본문이 끝나버리면 우리에겐 소망이 없어집니다. 하나님은 죄로 말미암아 변해버린 다윗에게 나단 선지자를 보내십니다. 하나님의 보내심을 받은 나단이 다윗에게 이야기합니다.

"한 성읍에 모든 것을 다 가지고 있었던 부자와 오직 딸처럼 사랑하는 암양 한 마리를 가진 가난한 사람이 있었습니다. 하루는 그 부자에게 손님이 찾아왔는데, 그 부자가 가난한 사람의 암양을 빼앗아서 그 손님을 대접했습니다."

나단 선지자의 이야기를 들은 다윗은 화가 나서 "내가 그 놈을 가만히 두지 않겠다. 그 놈이 누구냐?"라고 나단 선지자를 다그쳤습니다. 그러자 나단 선지자는 "당신이 그 사람이다"라고 다윗을 책망하였습니다.

"그 죄인이 바로 당신이다!"

다윗이 이러한 나단 선지자의 책망을 들은 후에 나타낸 반응이 무엇입니까? 바로 회개입니다. 아무리 큰 죄를 지었어도 회개하면 하나님께서 회복시켜주십니다. 죄의 크기보다 회개에 부어주시는 하나님의 은혜가 항상 더 큰 법이기 때문입니다. 진실한 회개를 받으시는 하나님이 모든 죄를 덮으십니다.

하나님과의 만남이 없으면 회개도 없다

우리는 모두 죄를 지으며 살아갑니다. 죄를 짓지 않는 인간은 단 한 사람도 없습니다. 죄를 지었으면 회개하면 됩니다. 그런데 죄를 지은 우리의 모습은 어떻습니까? 다윗처럼 가슴을 치는 회개를 합니까? 대부분은 그렇지 않습니다. 핑계 대기에 바쁩니다. 이게 우리의 문제입니다. 자, 그렇다면 질문이 생깁니다.

"하나님이 용서해주시는데 사람들은 왜 회개를 하지 않을까? 어떤 사람은 회개를 하고 어떤 사람은 회개하지 않는 이유가 뭘까?"

다윗은 하나님을 왕으로 섬겼습니다. 모든 일이 잘될 때에 잠시 자신을 스스로의 왕으로 삼아 광야에서 만났던 하나님을 뒤로 하긴 했지만, 그의 가슴 깊은 곳에는 하나님에 대한 마음이 남아 있었습니다. 그래서 나단 선지자가 자신의 죄를 지적했을 때, 그 죄를 지적한 것에 대해서 화를 내거나 핑계 대지 않을 수 있었던 것입니다. 오히려 다윗은 그때가 하나님 앞에 무릎 꿇어야 할 때임을 알았습니다.

세상에서는 왕 정도의 권세가 있으면 신하의 아내를 빼앗아도 그렇게까지 눈물 흘려 회개해야 할 만한 큰 죄가 아니라고 치부해버리면 그만입니다. 다윗도 그와 같이 우길 수 있었습니다. 성경적으로는 절대 안 되지만 세상적으로는 충분히 우길 수 있는 권세가 있었습니다. 그런데 다윗은 그렇게 하지 않았습니다. 그는 하나님과의 관계 속에서 자신이 얼마나 패역한 일을 했는지 깨닫고 회개합니다. 아무도 만나지 않은 채 금식하며 눈물로 회개했습니다.

누가 회개를 할 수 있습니까? 살아 계신 하나님을 한 번이라도 만났던 사람은 회개합니다. 그럼 누가 끝까지 회개를 안 합니까? 살아 계신 하나님을 일대일로 만나지 못한 사람은 절대로 회개하지 못합니다. 회개는 살아 계신 하나님을 나의 왕으로 인정하는 사람만이 할 수 있습니다. 우리는 매일매일 회개해야 합니다. 아무도 모르는 은밀한 그 죄를 하나님 앞에서 해결해야 합니다. 지금 이 시간에도 내가 나의 인생에 대한 왕이라고 생각하고 있다면 회개해야 합니다. 내 자녀를 하나님 앞에 온전히 내어드리지 못했다면 회개해야 합니다. 나의 교만한 생각을 가슴 치며 회개해야 합니다.

우리는 심각하게 교만한 사람들입니다. 우리 스스로 감당할 수 없을 만큼 우리의 교만은 깊게 뿌리 내리고 있습니다. 교만한 사람은 자기만이 옳다고 생각합니다. 그러나 한 번이라도 살아 계신 하나님, 온 우주보다 크신 하나님과 일대일의 만남을 가졌던 사람은 교만할 수가 없습니다. 그렇기 때문에 회개할 수밖에 없는 것입니다. 넘어지는 중에라도 그 하나님과의 만남을 잊을 수 없기 때문입니다.

우리 안에 아직도 살아 계신 하나님과의 인격적인 만남이 없다면 지금이라도 그 만남을 허락해달라고 기도해야 합니다. 그 만남이 죄악으로 가득한 이 세상 한가운데서도 우리를 붙잡아주고 지탱하게 해줄 것입니다.

익숙해질 때 죄악이 찾아온다

다윗은 선한 하나님의 사람이었다가 갑자기 비열한 왕이 되어 버렸습니다. 하나님과 모든 백성들로부터 사랑받는 왕이었는데, 하나님이 진노하시는 왕이 되어버렸습니다. 언제부터입니까? 다윗 안에 '왕이 된 것'에 대한 익숙함이 생겼을 때부터입니다. 우리도 예배가 익숙해지고, 교회 나오는 데 익숙해지고, 기도하는 데 익숙해졌는데, 살아 계신 하나님과의 참된 교제가 없다면 아마도 심각한 죄에 빠져 있을 가능성이 높습니다. 죄를 짓게 되면 그 순간부터 하나님의 사람으로서의 능력이 없어집니다. 죄를 해결하지 않는 한 우리에게는 더 이상 하나님의 능력이 삶 속에서 나타나지 않을 것입니다. 애통하며 눈물 흘리고 가슴 치는 회개를 하십시오. 회개하지 않아도 사람들은 속일 수 있지만 내 영혼은 속일 수 없습니다. 나의 중심을 보시는 하나님은 속일 수 없습니다!

이 시대 기독교의 가장 큰 문제는 회개가 없다는 것입니다. 그래서 저는 늘 회개를 강조하려고 노력합니다. 넘어진 성도가 위로를 얻기 위해서 찾아와도 저는 "회개해라. 변화가 있고 열매가 있는 회개를 해라!'라고 먼저 권면합니다. 죄부터 해결해야 합니다. 죄가 해결되면 사람의 어떤 말보다 능력 있는 하나님의 위로가 넘치게 되기 때문입니다.

하나님을 만난 사람은 회개합니다. 그런데 교회에 오래 다닌 사람 중에도 회개하지 않는 사람이 많습니다. 하나님을 온전히 만나지 못한 사람이 많다는 증거입니다. 당신은 정말로 하나님을 만났습니까?

삶의 변화로 이어지는 회개를 하라

회개의 중요성과 함께 한 가지 더 기억해야 할 것이 있습니다. 회개하면 삶에 변화가 일어납니다. 변화 없는 회개는 온전한 회개가 아닙니다. 회개는 반드시 변화로 이어지고 그 변화는 변화된 열매로 이어집니다. 결국 회개가 변화로 나타나지 않고 변화의 열매로 이어지지 않으면 회개를 안 한 것입니다.

요즘은 비행기가 많이 보편화되었지요. 저도 집회를 다닐 때 비행기를 자주 이용합니다. 그런데 비행기는 날씨에 영향을 많이 받습니다. 눈이나 비, 안개뿐만 아니라 바람에도 영향을 받습니다. 그러나 아무리 기상에 큰 영향을 받는 비행기라도 일단 하늘 위로 날아오르면 더 이상 날씨에 영향을 받지 않습니다. 비행기가 날아오를 때까지는 내리는 비나 눈에 비행기가 요동할지라도, 일단 하늘 위로 날아오르고 나면 평온한 비행기 아래로 구름바다만이 넓게 펼쳐져 있을 뿐입니다.

하나님과의 관계가 비행과 비슷합니다. 우리가 신앙생활을 하다 보면 이 세상 것에 얽매여서 어려움의 비에 흠뻑 젖거나 삶의 시린 눈을 만나기도 합니다. 그러면 참 힘듭니다. 날아오를 수 없을 것 같습니다. 그런데 그때 하나님의 거룩하심을 붙들고 하나님의 능력을 의지하여 하나님이 원하시는 삶을 달리다 보면 어느 순간 삶의 비와 눈에 영향을 받지 않는 수준에 오를 수가 있습니다.

우리가 그러한 수준에 올라갈 때까지는 삶 속에 여러 가지 훈련이 이어질 것입니다. 무엇보다 우리는 하나님 앞에 정결한 마음을 늘 유지하기 위한 삶의 훈련을 계속해야 합니다. 예배 가운데 삶에 대한 회개가 있어야 합니다. 회개는 비행기로 보자면 활주로로 돌아가는 것입니다. 회개는 눈물 흘리고 기도하는 의식이 아닙니다. 길의 방향을 완전히 돌이키는 것입니다. 하나님이 원하시는 길로 돌아서는 것입니다.

죄 안 짓는 것보다 죄 지은 이후가 더 중요하다

누구나 가장 약한 부분이 있을 것입니다. 물질에 약한 사람이 있고 성적(性的)인 부분에 약한 사람이 있는가 하면 명예나 가족 문제에 약점을 가지고 있는 사람도 있습니다. 사탄은 우리의 약한 그 부분을 공격할 것입니다. 물질에 약하다면 반드시 물질 문제를 치고 들어올 것입니다. 명예에 약한 사람에게는 명예와 관련된 문제로, 자녀 문제에 약점을 가진 사람은 자녀 문제로 공격해옵니다.

그때 우리는 넘어질 수 있습니다. 죄 지을 수 있습니다. 죄 지은 것에 절망하면 안 됩니다. 죄 지은 이후의 모습이 더 중요하기 때문입니다. 회개해야 합니다. 통회하며 가슴을 치는 회개가 있어야 합니다. 연약한 인간이기에 누구라도 넘어질 수 있습니다. 그러나 회개가 없으면 우리 영혼이 죽고 맙니다. 회개 없는 신앙은 죽은 신앙입니다. 살아 계신 하나님과의 만남이 없는 것입니다. 당신은 회개하고 있습니까? 당신의 영혼은 살아 있습니까?

가끔씩 어떤 사람들은 저에게 "저 목사는 도대체 우리가 뭘 그렇게 잘못했다고 자꾸 회개하라는 거야?" 하며 볼멘소리를 하기도 합니다. 그러나 회개는 아무리 강조해도 부족함이 없는 아주 중요한 것입니다. 기독교는 예수 그리스도의 십자가의 역사를 통해 시작됐습니다. 예수 그리스도의 십자가의 역사는 우리의 죄 값입니다. "나에겐 죄가 없다! 회개할 것이 없다!"라고 말할 수 있는 사람은 누가 있겠습니까? 그러므로 우리는 처절한 회개의 몸부림이 없이는 어떤 가능성도 없는 존재들입니다.

강퍅한 인생을 찾아오신 예수님

저만 봐도 알 수 있습니다. 저는 처절한 회개를 통해서 하나님 앞에 돌아왔습니다. 제가 목사가 됐다는 것은 제가 지금도 깜짝깜짝 놀랄 만큼 경이로운 은혜입니다. 제가 사역을 시작한 지 20년, 목사가 된 지가 11년인데, 돌이켜볼 때마다 경이로울 뿐입니다.

'어떻게 나 같은 사람이 목사가 되었을까? 어떻게 나 같은 사람이

이처럼 훌륭한 성도를 만나게 되었을까?'

이런 생각을 하다보면 저도 모르게 깜짝깜짝 놀랄 수밖에 없습니다. 왜냐하면 저는 철저하게 더러운 죄인이기 때문입니다. 그런데 이 죄인에게 예수님이 찾아오셨습니다. 저는 예수님을 찾지 않았는데 예수님이 저를 먼저 찾아오셨고, 저는 예수님이 싫었는데 예수님이 저를 사랑해주셨습니다.

제가 미국에서 한창 정신 못 차리고 싸움질하며 다닐 때였습니다. 하루는 미국 애들 몇 명을 때렸는데 그 애들 패거리가 저를 찾는 게 아닙니까? 그래서 잠시 조용히 숨어 있어야겠다고 생각하던 차에 아버지가 교회 수련회를 가라고 하시는 겁니다. 저는 수련회에 가는 것을 별로 안 좋아했습니다. 그런데 그때는 수련회까지는 못 쫓아오겠지 하는 생각에 가는 것이 좋겠다는 생각이 들었습니다. 그래서 수련회에 갔습니다.

문제아였던 제가 수련회에 갔더니 선생님들이 저를 위해 얼마나 열심히 기도해주었는지 모릅니다. 목사님 아들 정신 차리게 해달라고 시간마다 저를 붙들고 눈물 흘리며 기도하는 겁니다. 그런데도 저는 별로 감동이 없었습니다. 수백 명의 아이들이 모여 울며 회개하고 뛰며 춤추며 찬양하는데 제 눈에는 그 모습이 제정신이 아닌 것 같아 보였습니다.

드디어 마지막 예배가 되었습니다. 목사님이 자신의 삶을 하나님께 드릴 사람은 다 앞으로 나오라고 부르셨습니다. 제 친구들도 다 앞으로 뛰어나갔습니다. 그런데도 저는 태연한 척 뒤에 남아 있었습니다. 앞에서 기도하는데 다들 난리가 났습니다. 한두 시간쯤 지났을까 다 일어나라는 목사님의 말에 저는 '아, 이제 다 끝났구나! 집에 갈 수 있겠구나!' 했습니다.

그런데 그때 갑자기 목사님이 "여러분이 지금 이렇게 기도하고 은혜 받았지만 아직도 잃어버린 영혼이 뒤에 있습니다"라고 말하는 게 아닙니까? 그게 저였습니다. 그러더니 "다 뒤돌아서 저 불쌍한 영혼을 위해 기도합시다" 하는 겁니다. 진짜 난리가 났습니다. 아이들 모두가 저를 향해 손을 뻗어 울며 기도하고, 제가 싫어했던 아줌마 선생님들이 달려오셔서 저를 붙잡고 한참을 기도하는 것입니다. 제가 어떻게 되었을까요? 그때 변화 받고 눈물 흘리며 회개했다면 참으로 아름다운 결말이었을 텐데, 안타깝게도 저는 그런데도 주님께로 돌아오지 않았습니다. 그토록 강퍅한 사람이었습니다.

회개 안 하고 어떻게 버틸 수 있습니까?

하나님께서는 그런 저를 끝까지 포기하지 않으시고 찾아오셨습니다. 그때 그 선생님들의 기도와 친구들의 기도를 잊지 않으셨습니다. 그 이후에 그런 집회 장소가 아닌 교회에서 홀로 하나님의 이름을 부를 때, 아주 특별한 성령의 역사 속에서 상상을 초월하는 은혜를 베푸셨습니다. 그래서 제가 주님께로 돌아왔습니다. 하나님은 그날 저를 만나주시고 성령의 역사와 은사를 주셨습니다. 그리고 하나님의 사역자로서의 소명을 새롭게 해주셨지요.

사실 저는 다섯 살 때부터 목사가 되겠다고 했던 사람입니다. 저는 다섯 살 때 부모님을 따라서 예배와 부흥회, 갖가지 집회에 다 참석했습니다. 기독교의 신동이었습니다. 집회 오신 목사님들마다 다 제가 예쁘다고 안수기도를 해주셨습니다. 그랬던 제가 미국 가서 방황하고 하나님을 떠나버린 것입니다.

그런 저를 끝까지 포기하지 않으시고 하나님이 찾아오셨습니다. 그랬는데, 제가 어떻게 회개를 하지 않을 수 있겠습니까? 하나님의 은혜를 맛본 사람은 회개할 수밖에 없습니다. 우리가 뭐가 그렇게 잘했고, 뭐가 그렇게 잘 났다고 회개를 안 할 수가 있겠습니까? 우리가 어떻게 하나님 앞에서 뻔뻔스럽게 살아갈 수 있겠습니까? 우리는 그렇게 살 수 없습니다.

회개 없이는 하나님을 기쁘시게 못 합니다. 회개 없이는 회복이 없습니다. 내 병든 몸은 나을 수 있어도 영혼은 반드시 죽게 됩니다. 그러나 회개하는 사람은 영원히 죽지 않습니다. 우리 모두 다윗에게서 이런 회개를 배웠으면 좋겠습니다. 죄 짓는 것은 굳이 다윗에게 안 배워도 우리가 더 잘합니다. 그러니 죄 짓는 것 배우지 말고 회개를 배우기 바랍니다.

내 삶에 회개의 눈물이 있었습니까? 속상해서 흐르는 눈물 말고 하나님을 향한 회개의 눈물을 언제 흘려보았는지 기억이 나십니까? 나의 죄로 말미암아 통곡하면서 회개한 적이 언제입니까? 혹시 "하나님 내게 복을 내려 주시옵소서!"라고 기도하고 계십니까? 회개의 기도 없이 축복 받았다면 심각하게 고민해야 합니다. 매우 중요한 문제입니다. 성경은 악인들의 형통을 부러워하지 말라고 했습니다. 악인들이 오히려 이 세상에 남부러울 것이 없도록 많은 것을 가지고 있을 수도 있습니다. 그러나 그들은 자기의 가진 것 때문에 더 회개를 못합니다. 그것은 결코 축복이 아닙니다.

저는 우리 교회가 회개하는 교회가 되었으면 좋겠습니다. 회개의 눈물이 없는 교회는 교회가 아닙니다. 하나님 마음에 합한 사람이 되려면, 하나님께 쓰임 받는 하나님나라의 에이스가 되려면 자신의 죄에 대한 자복과 통곡이 있어야 됩니다. 나쁜 죄의 습관에서 벗어나기 위해서 자기 가슴을 치며 옷을 찢을 수 있는 회개가 있어야 합니다. 살아 계신 하나님께서는 용서와 은혜를 베푸실 준비를 이미 마치시고 모든 자녀들에게 회개를 요구하십니다. 지금 그 주님 앞에서 무릎 꿇으십시오! 하나님이 당신을 기다리고 계십니다!

09

하나님의 에이스로 사는 법

모든 것이 승승장구하며 잘 나갈 때가 가장 위험하다, 그때 조심하라

01 내가 왕이 되었을 때가 가장 약한 시간이다

다윗이 밧세바로 인해 범죄하였을 때, 그는 모든 것이 넉넉하고 부족함이 없었습니다. 믿는 자에게 가장 약한 시간은 모든 일이 잘되고 있을 때입니다. 하나님을 나의 왕으로 섬길 때에는 문제가 없습니다. 그러나 내가 직접 내 인생의 왕이 되기 시작할 때 우리는 연약해지기 시작합니다. 모든 일이 잘 풀리고 있을 때, 우리는 가장 조심해야 합니다.

02 죄를 바라보지 말고 피하라

다윗은 밧세바를 보고 고개를 돌리지 않고 계속 바라보면서 욕심을 키워갔습니다. 그는 자신의 정욕을 멈추지 않았습니다. 죄악 된 생각을 멈추지 않은 것입니다. 사람은 성령이 충만하면 성령의 일을 합니다. 그러나 유혹과 정욕으로 충만하면 그것은 반드시 우리를 죄악의 길로 인도합니다. 우리는 죄악의 시작을 조심하고 단호하게 차단해야 합니다.

03 죄 지은 이후에는 숨지 말고 회개하라

인간은 모두 죄를 지으며 살아갑니다. 죄를 짓지 않는 사람은 단 한 사람도 없습니다. 그때 우리는 어떻게 해야 합니까? 죄를 지었으면 회개해야 합니다. 그런데 우리는 평계대기에 바쁩니다. 이게 우리의 문제입니다. 죄 지은 후에는 숨거나 피하지 말고, 그럴듯한 말로 평계대지 말고 가슴 치는 회개의 기도를 드려야 합니다. 하나님은 우리의 회개를 받아주십니다.

CHAPTER **10**

변치 않는 하나님의 은혜
진실한 회개를 받아주시는 하나님께로 지금 돌아서라

나단이 다윗에게 이르되 당신이 그 사람이라 이스라엘의 하나님 여호와께서 이와 같이 이르시기를 내가 너를 이스라엘 왕으로 기름 붓기 위하여 너를 사울의 손에서 구원하고 네 주인의 집을 네게 주고 네 주인의 아내들을 네 품에 두고 이스라엘과 유다 족속을 네게 맡겼느니라 만일 그것이 부족하였을 것 같으면 내가 네게 이것 저것을 더 주었으리라 그러한데 어찌하여 … 다윗이 나단에게 이르되 내가 여호와께 죄를 범하였노라 하매 나단이 다윗에게 말하되 여호와께서도 당신의 죄를 사하셨나니 당신이 죽지 아니하려니와 이 일로 말미암아 여호와의 원수가 크게 비방할 거리를 얻게 하였으니 당신이 낳은 아이가 반드시 죽으리이다 하고 나단이 자기 집으로 돌아가니라 우리아의 아내가 다윗에게 낳은 아이를 여호와께서 치시매 심히 앓는지라

삼하 12:7-15

하 나 님 의 에 이 스

당신이 그 사람이라!

하나님께서 자기 백성에게 원하시는 것은 영적으로 온전하게 서 있는 것입니다. 우리가 좌로나 우로나 치우치지 않고 우리의 삶을 온전히 하나님께 드리며 살기를 바라시지요. 하나님은 우리 인생이 죄악으로 물들어 더러워지거나 불순종으로 타락하는 것을 원치 않으십니다. 죄에 대한 시험은 누구에게나 있습니다. 하나님의 마음에 맞는 사람이라고 일컬었던 다윗에게도 이 시험이 있었습니다.

앞에서 살펴본 것처럼 다윗은 죄를 지었습니다. 다윗이 죄를 지었을 때 하나님께서는 나단 선지자를 보내시어 말씀하십니다. 나단 선지자는 다윗의 죄를 직접 지적하지 않고 부자가 가난한 자의 한 마리 밖에 없는 양을 빼앗아 손님을 접대한다는 비유를 들어 다윗이 자신의 죄를 자각하도록 합니다. 나단의 말을 들은 다윗은 화를 내며 외칩니다.

"누가 그런 짓을 했느냐?"

"그가 바로 당신이다!!"

내가 그 사람이라!

성경은 하나님의 말씀입니다. 하나님께서는 성경 속 인물인 다윗에게만 말씀하시는 것이 아니라 성경을 통하여 오늘 우리에게도 말씀하고 계십니다. 예수님을 통해 주신 구원의 은총은 우리를 위한 것이며 또한 당신 개인을 위한 것입니다. 마찬가지로 다윗을 향해 회개를 촉구하시는 하나님의 말씀은 교회들을 향한 것이기도 하고 우리 개인을 향한 것이기도 합니다. 나 자신이 바로 '그 사람'인 것입니다.

"내가 그 죄인입니다. 내가 하나님 앞에 교만했습니다. 내가 하나님 앞에 온전치 않았습니다. 내가 하나님 앞에서 음행을 저지르고 범죄하였습니다."

하나님의 말씀을 읽을 때, 그 말씀이 다른 누구를 위한 말씀이 아니라 바로 나를 위한 말씀임을 기억해야 합니다. 다윗만 '그 사람'이 아니라 내가 바로 '그 사람'이라고 고백해야 하는 것입니다.

많은 성도들이 신앙의 연수가 쌓이다 보면 언젠가부터 이전에 '받은 은혜'로만 살아가곤 합니다. 하나님은 모든 성도에게 은혜를 주십니다. 한 번만 주시지 않고 계속해서 주시지요. 그런데 은혜를 지속적으로 받지 못하면 아무리 믿음이 훌륭했던 사람이라도 교만해져서 죄를 짓게 됩니다. 골리앗을 믿음으로 이겼던 다윗이 왕이 되었을 때 교만해져서 죄를 지었던 것처럼 말입니다. 하나님의 마음에 합한 사람이었던 다윗이 죄를 지었다면, 우리 같은 평범한 사람은 훨씬 더 죄를 잘 지을 수밖에 없다는 사실을 기억해야 합니다. 반드시 기억하고 조심해야 합니다. 깨어 있는 신앙생활을 해야 합니다. 잠자는 신앙생활은 우리의 영혼을 죽음에 이르게 하는 독과 같습니다.

우리는 옛날에 은혜 받은 기억으로 살지 말고 현재 받는 은혜로 살아야 합니다. 과거에 온전했던 것은 소용없습니다. 지금 하나님 앞에서 온전하게 서 있지 못하다면 회개하십시오. 하나님은 회개하는 자를 사용하십니다. 하나님은 회개하는 교회를 사용하십니다. 우리는 종교인으로 살지 말고 믿음의 사람으로 살아야 합니다.

교회에 왜 나오십니까?

교회에 나오는 분들을 가만히 보면 모든 사람이 신앙 때문에 나오는 것은 아닙니다. 참 안타까운 일입니다. 어떤 사람은 종교적인 습관으로 교회에 출석합니다. 또 어떤 이는 관계 때문에 교회에 나옵니다. 심지어는 지금까지 축의금 낸 게 많아서 아까워서 교회를 못 떠난다는 사람도 있습니다. 이게 무슨 일입니까? 인간적으로 전혀 이해 못할 일은 아니지만 하나님의 사람으로서 해야 할 도리는 아닙니다. 사탄의 속임수에 넘어간 증거입니다.

지금 자신의 모습을 한번 돌아보십시오. 지속적으로 은혜를 받고 있습니까? 주일에 교회에 왜 나가십니까? 하나님의 은혜에 대한 감격 없이 습관적으로, 관계 때문에, 아무 생각 없이 교회에 나가고 있다면 지금 회개해야 합니다. 지금도 부어주시는 하나님의 은혜를 회복하여 그 은혜의 물결을 흘려보내는 인생을 살아가십시오!

목회자인 저도 늘 새롭게 부어주시는 은혜를 기억하려고 애씁니다. 타락한 목사가 되지 않기 위해 늘 조심스러운 마음으로 기도합니다. 저는 설교 강단에서 저희 교회 성도들을 향해 이렇게 선포했습니다.

"제가 목사로서 타락하면 노회에 청하여 징계를 하도록 하십시오. 정도를 지나쳐 제가 타락한 것도 모르고 버틴다면 교인들 모두 다른 교회로 가십시오!"

저는 진심으로 저희 교회 성도들에게 이렇게 부탁했습니다. 목사나 성도나 상관없이 하나님의 자녀에게 가장 중요한 것은 깨어 있는 영적 존재로 사는 것입니다. 그래야만 하나님을 경외하며 하나님의 은혜를 바라며 사는 겸손한 제자로 살아갈 수 있습니다.

제가 이렇게 흉악한 죄인이라고요?

그러면 다시 한 번 묻겠습니다. 본문의 다윗이 회개한 말씀을 읽으면서 당신은 무슨 생각이 드십니까? 다윗의 회개가 당신의 회개로 받아들여지십니까? 아마도 많은 분들이 '나는 저 정도는 아닌데' 하는 생각을 했을지 모릅니다. 다윗은 치욕스러운 음행을 저지르고 의도적으로 살인까지 저질렀는데, 그 죄에 대한 회개를 자신에게 적용하려니 수긍이 잘 안 되겠지요. 어떤 사람은 이렇게 되물을지도 모릅니다.

"이 말씀이 나를 위한 말씀이라고요? 그러면 저도 그렇게 죄질이 중한 죄인이라는 것입니까?"

당신은 정말 사람을 죽인 적이 없습니까? 칼로 찌르는 것만 살인이 아닙니다. 아마 당신은 하루에도 몇 번씩 말로 사람을 죽였을 것입니다. 부부싸움을 하면서 수없이 말로 배우자를 죽였을 것입니다. 술에 취해 들어온 남편을 향해 "으이구, 저 인간, 계속 저러다 죽지!" 이러면서 화를 내며 속상해 한 적 없습니까? 그 역시 살인입니다.

음행의 죄는 어떤가요? 형제들이 길을 지나다 본 예쁜 여자를 계속 묵상하는 것이 무엇입니까? 음행입니다. 그 여인은 그냥 스쳐 지나가고 말았겠지만, 당신의 생각 속에서는 어느덧 다시 만나 손을 잡고 대화를 나누고 있습니다. 그것이 음행입니다.

우리는 다 죄인입니다. 처절하고 썩을 죄인입니다. 소망 없고 비참한 죄인입니다. 그런 우리를 위해 예수님이 이 땅에 오시어 십자가에 달려 돌아가셨습니다. 예수 그리스도의 피에는 우리를 깨끗하게 하는 능력이 있습니다. 그 피의 공로를 우리가 의지하여 날마다 회개해야 하는 것입니다. 예수님은 돌아가신 지 사흘 만에 부활하셔서 구원의 역사를 완성하셨습니다. 할렐루야!

죄의 근원은 욕심이다

네 주인의 집을 네게 주고 네 주인의 아내들을 네 품에 두고 이스라엘과 유다 족속을 네게 맡겼느니라 만일 그것이 부족하였을 것 같으면 내가 네게 이것저것을 더 주었으리라 삼하 12:8

모든 죄의 근원은 욕심입니다. 다윗에게는 이미 여러 명의 아내들이 있었습니다. 그런 그에게 또 한 여자를 취하고자 하는 욕심이 생겼습니다. 게다가 가져서는 안 될 대상이기에 그 욕심은 더욱 집요해졌을 것입니다. 하나님은 다윗에게 "네가 부족한 것이 있어서 이것저것을 더 구하였다면 허락했을 것이다"라고 말씀하셨습니다. 그러나 다윗은 자신이 가져서는 안 되는 한 가지에 대한 욕심을 포기할 수 없었습니다.

욕심은 종국에는 우리를 반드시 죽이고 맙니다. 만약 누군가 교회 안에서 한자리 차지하려고, 목소리 좀 높이려고 야망과 욕심을 부리고 있다면, 그 사람은 이미 여러 성도들에게 시험거리를 던져주었을 것입니다. 우리가 교회 안에서 겸손해지지 않으면, 자신도 모르게 사탄의 도구로 쓰임받게 됩니다. 교회에서 사탄이 역사하도록 문을 여는 열쇠가 되는 것입니다.

어떤 신학자는 이렇게 이야기했습니다.

"우리는 죄를 짓고 있을 때 이것이 잘못된 것임을 알지만 죄라고는 생각하지 않는다."

잘못된 것임을 알지만 하나님 앞에서 죄라고 생각하지 않습니다. 그 정도로 우리는 죄의 쾌락을 누리고 있는 사람들입니다. 영적으로 깨어 있지 않으면 자신도 모르는 사이에 사탄의 도구가 되고 맙니다. 하나님은 마지막 때에 교회 안에 사탄의 하수인들과 하나님이 쓰시는 사람들이 공존하도록 허용하셨습니다. 그러니 깨어 있어야 합니다. 사탄의 어떤 음모나 계략도 성령의 역사하심을 무너뜨리지 못하도록 기도해야 합니다.

그러면 당신은 어떻게 살아가겠습니까? 성령의 사람으로 살아가겠습니까? 사탄의 하수인으로 살아가겠습니까? 영혼이 잠자고 있어 사탄의 궤계를 눈치 채지 못하고 자신도 모르게 사탄의 도구가 되는 삶을 살겠습니까? 기도로 깨어 있어 진리를 분별하는 성도로 살아가겠습니까?

사탄이 교회를 공격할 때 주로 사용하는 전법(戰法)이 있습니다. 사탄은 절대로 정면승부하지 않습니다. 주로 회유책을 쓰지요. 교회에서 가장 많이 사용하는 사탄의 전략은 '섭섭 전법'입니다. 나름대로 열심히 교회를 섬긴 성도에게 사탄이 시험을 던져줍니다. 어느 순간 '섭섭이'가 갑자기 그 마음에 들어오면 잘하고 있던 사역에 대한 회의가 생기고 섬기고 있던 사람들에게 실망감이 느껴집니다. 섭섭함이 물밀 듯 몰려옵니다.

"왜 나는 안 알아주지? 나는 가정도 희생하며 이토록 열심히 섬겼는데, 조금 일한 저 사람은 칭찬하면서 말이야. 내가 훨씬 더 많이 일했는데. 아이고, 섭섭해."

'섭섭이'는 바이러스와 같습니다. 건강한 사람은 바이러스가 침투해도 병에 걸리지 않습니다. 하지만 면역력이 약한 사람이라면 감기 걸린 사람이 기침 한 번 하면서 뿌린 바이러스에도 금방 반응하지요. '섭섭이'도 마찬가지입니다. 우리의 영적 면역력이 강할 때는 아무렇지도 않습니다. 하지만 영적으로 약해질 때는 사소한 말 한 마디에도 우리 마음을 빼앗기고 맙니다.

우리는 건강한 성도가 되기 위해 기도를 통해서 영적 면역력을 길러야 합니다. 혹 당신도 교회에서 봉사하다가 섭섭한 마음을 갖게 되었습니까? 기도하십시오. 사탄의 종으로 살지 않고 주님의 종으로 살겠다고 회개하며 마음을 새롭게 하십시오. 병들지 마십시오. 죄의 근원은 욕심입니다. 병의 근원이 어디서 왔는지 점검해보십시오. 나를 나타내고자 하는 욕심이 없으면 섭섭해 하지도 않습니다. 인정받고자 하는 욕심을 모두 버리고 예수 그리스도만 나타내고 자랑하는 성도가 되겠다는 새로운 다짐을 하십시오. 진정한 그리스도인이 되십시오!

죄의 결말

사무엘하 12장 9,10절을 봅시다.

그러한데 어찌하여 네가 여호와의 말씀을 '업신여기고' 나 보기에 악을 행하였느냐 네가 칼로 헷사람 우리아를 치되 암몬 자손의 칼로 죽이고 그의 아내를 빼앗아 네 아내로 삼았도다 이제 네가 나를 '업신여기고' 헷사람 우리아의 아내를 빼앗아 네 아내로 삼았은즉 칼이 네 집에서 영원토록 떠나지 아니하리라 하셨고 삼하 12:9,10

여기서 '업신여기다'라는 단어가 두 번이나 반복되고 있습니다. 이처럼 모든 죄의 결말은 하나님을 업신여기는 것으로 귀결됩니다. 하나님의 말씀을 업신여기고 하나님의 명령을 업신여기고 하나님을 업신여기게 되는 것입니다. 눈에 보이는 죄가 다가 아닙니다. 그 이면의 결과는 하나님을 업신여기는 큰 죄악으로 이어지고 있습니다.

배우자가 아닌 다른 이성을 좋아하고 돈을 사랑하고 명예를 갈망하는 까닭은 욕심 때문입니다. 하나님보다 다른 것을 더 사랑하기 때문이지요. 이것이 하나님을 업신여기는 것입니다. 우리는 하나님과 동급이 아닙니다. 인간은 하나님을 업신여길 수 있는 존재가 아닙니다. 하나님은 만유의 주이시고 전지전능한 분이십니다.

그런데 어떻게 하나님을 업신여길 수 있습니까? 죄악을 선택한 순간에 이런 일이 벌어집니다. 하나님을 업신여기게 됩니다. 하나님의 말씀에 귀 기울이지 않기 때문에 그렇게 행동합니다. 주일예배에서 들은 말씀을 월요일이 되면 바로 외면합니다. 업신여기는 것이지요. 화요일이 되면 기억도 나지 않습니다. 그래도 대수롭지 않게 생각하지요. 그러다 수요예배 때 나오면 말씀에 다시 잠깐 귀 기울였다가, 다시 목요일이 되면 말씀과 상관없이 살아갑니다. 이렇게 사는 것은 온전한 신앙생활이라 할 수 없습니다. 하나님은 순종이 제사보다 낫다고 했습니다.

말씀에 순종하는 것이 예배다

하나님 앞에 나아갈 수 있는 방법은 예배밖에 없습니다. 예배와 관련하여 우리가 반드시 기억해야 할 사실은, 순종 없는 예배는 예배가 아니라는 것입니다. 말씀을 받은 대로 살지 않으면 예배의 목적과 의미가 없이 사는 것입니다.

순종하지 않고 하나님의 말씀을 귀하게 여기지 않는데 예배가 무슨 소용이 있을까요? 수많은 설교를 들어도 순종하지 않고 변화되지 않고 적용하지 않은데 하나님의 말씀이 무슨 의미가 있겠습니까? 종교적인 행위를 회개해야 합니다. 우리는 너무 쉽게 예배를 드립니다. 너무 쉽게 하나님의 은혜를 말하고 너무 쉽게 하나님에 대해 떠들어댑니다. 하지만 그 말들이 진짜 순종과 진짜 예배로 이어지고 있는지 깊이 생각해봐야 합니다.

영과 진리로 예배드리지 않으면 신앙의 업그레이드는 기대할 수 없습니다. 컴퓨터가 처음 나왔을 때는 도스(DOS) 운영체제를 사용했습니다. 그러던 것이 업그레이드에 업그레이드를 거듭해서 지금은 블루투스 기능이 탑재된 태블릿 피시(tablet PC)로 발전하게 되었습니다. 마찬가지로 신앙도 업그레이드가 있어야 합니다.

그런데 우리의 실상은 어떻습니까? 신앙의 돌파가 일어나고 있습니까? 신앙의 업그레이드가 일어나고 있습니까? 회개를 하긴 하는데 입술로만 하고 가슴을 치면서 영(靈)으로 하지 않기 때문에 신앙 업그레이드가 이루어지지 않는 것입니다. 가슴이 찢어지는 듯한 죄에 대한 통회를 느끼지 못하며 살기 때문입니다. 죄의 영향력에 민감하지 못하기 때문입니다. 죄를 짓고 나면 하나님 앞에 땅을 치고 눈물 흘리는 가슴앓이가 있어야 하는데, 그것이 없기 때문입니다. 영적 무감각에 빠져 있기 때문입니다.

우리의 교회에 살아 있는 예배가 있기를 소원합니다. 살아 있는 예배는 순종으로 이어집니다. 그렇지 못하다면 반드시 회개의 각성이 있어야 할 것입니다.

회개 설교가 강단마다 울려 퍼지기를 소원합니다. 회개에 대한 선포가 없는데 어떻게 부흥을 기대할 수 있습니까? 회개 없이 일어나는 부흥은 가짜입니다. 회개하지 않는 성도가 많이 모이는 교회를 부흥하는 교회라고 할 수 없습니다. 하나님을 알지 못했던 사람들이 교회 와서 하나님을 알게 되고 회개하고 변화되어야 그것이 진정한 부흥입니다.

오랜 시간 신앙생활 했어도 업그레이드되지 않고 정체되어 있는 모습을 보며 회개해야 합니다. 설교를 들을 때 하나님이 요구하시는 것은 '이건 바로 나를 위한 말씀이다'라는 자세입니다. 그 말씀에 반응하는 것이 회개이며, 그것이 영적 성장을 위한 길입니다.

다윗의 회개

대부분의 성도는 자신이 지은 죄를 인식조차 못하며 살아갑니다. 대부분 자신이 죄인인지도 모르고 살아가고 있습니다. 죄에 대한 각성이 일어나야 합니다.

> 우슬초로 나를 정결하게 하소서 내가 정하리이다 나의 죄를 씻어 주소서 내가 눈보다 희리이다 내게 즐겁고 기쁜 소리를 들려주시사 주께서 꺾으신 뼈들도 즐거워하게 하소서 주의 얼굴을 내 죄에서 돌이키시고 내 모든 죄악을 지워 주소서 하나님이여 내 속에 정한 마음을 창조하시고 내 안에 정직한 영을 새롭게 하소서 나를 주 앞에서 쫓아내지 마시며 주의 성령을 내게서 거두지 마소서 주의 구원의 즐거움을 내게 회복시켜 주시고 자원하는 심령을 주사 나를 붙드소서 시 51:7-12

시편 51편은 다윗이 회개하면서 쓴 시입니다. 이 시의 표제어에 보면 '다윗이 밧세바와 동침한 후 선지자 나단이 그에게 왔을 때'라는 설명이 달려 있습니다. 다윗이 어떻게 기도하고 있습니까? 나단 선지자를 통해 자신의 죄를 깨달은 다윗은 '정결한(clean) 마음'을 달라고 하나님께 부르짖고 있습니다. 제가 청년들과 함께 비전을 나누며 가장 많이 부르는 찬양이 있습니다.

정결한 마음 주시옵소서 오, 주님
정직한 영을 새롭게 하소서

우리는 정결한 마음을 회복해야 합니다. 정결한 사람이 하나님의 비전을 품어야 하나님의 나라가 이 땅에 확장됩니다. 정결한 사람이 꿈을 꾸어야 정결한 꿈이 이루어집니다. 하나님은 정결한 사람을 사용하십니다. 하나님은 위대한 사람, 능력이 많은 사람에게 관심이 없습니다. 하나님의 관심은 깨끗한 사람에게 있습니다. 우리도 더럽고 냄새 나는 사람은 가까이하기 싫지 않습니까? 하나님은 우리 영혼이 정결하기를 원하십니다. 정결한 영으로 살 때에 하나님께서 사용하신다는 것을 기억하십시오.

성령의 역사만이 교회를 새롭게 할 수 있다

오늘날 미국교회가 고심하고 있는 부분이 있습니다. 제가 얼마 전에 미국에 방문하여 한 목사님을 만나게 되었습니다. 볼티모어에 있는 2천 명 남짓 모이는 교회의 젊은 담임 목사님이었습니다. 그런데 이 목사님에게 고민이 있다 하여 들어 보니 다음과 같은 것이었습니다.

"미국의 대다수 그리스도인들은 주일 한 시간 남짓의 예배드리는 것으로 만족하고 있는데, 어떻게 하면 주중예배를 활성화시킬 수 있을까요?"

그 목사님은 성도들이 정결한 삶을 추구하도록 하고 싶어 했습니다. 성도들이 일주일 내내 세상 속에서 죄에 파묻혀 살다가 주일 한 시간 예배드리는 것으로 만족해하며 돌아가는 뒷모습을 볼 때마다 가슴이 아프다고 했습니다. 성도들이 예배드리고 나가는 뒷모습이 마치 식당에서 고기 먹고 나서 탈취제를 칙칙 뿌린 다음 흡족해하는 것처럼 느껴진다는 것입니다. 아직 고기 냄새는 없어지지도 않았는데, 그냥 '칙칙' 뿌려서 냄새만 가리고 휑하니 음식점 나가듯이 신앙생활을 한다는 것입니다. 어떻게 영적 각성을 불러일으켜야 할지 모르겠다며 답답해했습니다.

이것은 비단 그 목사님만의 고민이 아닙니다. 오늘날 미국의 많은 그리스도인들이 평일에는 하나님과 상관없이 살다가 주일에 잠깐 예배드리는 것으로 신앙생활 다 했다고 여기며 만족하고 있습니다. 아니, 미국만의 문제도 아닙니다. 이 나라에 기독교가 처음 전해진 때부터 새벽예배, 수요예배, 금요예배로 신앙의 불길을 태웠던 우리나라도 점점 주일예배만으로 만족해하는 것을 봅니다.

저는 그 목사님에게 수요예배를 드릴 것을 제안했습니다. 그 분도 그렇게 하고 싶다고 하면서도, 한국교회는 원래 잘 모이니까 가능하지만 미국에서는 안 될 것이라고 말했습니다. 저는 지금의 한국교회도 대부분 평일 예배는 고전하고 있다고 재차 설명하면서, 오직 성령님의 역사를 통해서만 예배의 진정한 부흥이 있다는 사실을 함께 나누었습니다. 정결한 마음의 회복도, 수요예배의 회복도, 정결한 영성의 회복도 오직 성령의 역사를 통해서만 가능합니다.

하나님은 정결한 마음을 지니고자 결단하는 교회, 정결한 교회, 질서 있는 교회, 영성 있는 교회를 사용하십니다. 하나님은 예배를 통해 교회의 영적 질서를 회복시켜주십니다.

저희 호산나교회는 10주 수요예배를 드리는 동안 본당과 교육관에 차고 넘치는 은혜를 경험했습니다. 교회가 기획한 것이 아니라 하나님이 하신 일입니다. 어떻게 이것이 가능합니까? 하나님이 예배 가운데 임재하셨기 때문에 가능합니다. 하나님이 하셨기 때문에 가능한 것입니다.

예배드릴 수 있어서 감사합니다!

10년 전쯤 아프리카 우간다를 방문한 적이 있습니다. 수단 위에 우간다가 있습니다. 제가 방문했을 당시 수단은 전 세계에서 가장 극한 신앙 핍박을 받는 나라 2위였습니다. 1위는 북한이었습니다. 수단에서 전도자이자 목사로 살던 한 분이 공부를 더 하기 위해 우간다에 있는 신학교에 왔습니다. 저는 그때 그 신학교에서 특강을 했습니다. 그는 나이가 30세밖에 안 되었는데 온 몸이 아프다고 했습니다. 동행했던 의사 장로님이 진찰하며 우셨습니다. 의사로 30년을 섬기면서 이렇게 온 몸이 만신창이가 된 사람은 처음 봤다는 것이었습니다.

그래서 제가 그분에게 왜 이렇게 몸이 안 좋은지를 물었습니다. 그랬더니 그 분이 하는 이야기가, 수단에서는 전도자로 사역하면 이슬람 사람들에게 잡혀서 곤혹을 치르기가 일쑤라고 했습니다. 잡혀 산 위에

끌려가서 꽁꽁 묶인 채 산 밑으로 던져진다고 했습니다. 상상해보십시오. 그러면 온 몸이 구르면서 뼈가 다 부러지고 살은 터질 수밖에 없다고 합니다. 그 분은 그런 형벌을 두 번씩이나 당했다고 했습니다.

이런 극심한 박해 속에서 있던 그들과 함께 드린 예배를 잊을 수가 없습니다. 조명도 없이 밤에 예배를 드리는데, '퉁다당 퉁다당' 울리는 북소리에 장단을 맞춰 한 사람이 선창하면 온 성도가 다함께 찬양합니다. 그러다 자연스럽게 모두 일어서서 찬양합니다.

주일예배가 아침 9시에 시작해서 저녁 6시에 끝났습니다. 설교를 한 편밖에 준비하지 않았는데, 세 번씩이나 설교를 해야 했습니다. 정해진 프로그램도 없이, 헌금 시간도 없이, 식사도 거른 채 예배를 드렸습니다. 보통 때는 하루 한 끼 먹는데 주일날은 아예 안 먹는다고 했습니다. 그러면서 예배를 드릴 수 있다는 사실에 감사했습니다. 하나님 앞에 너무 감사해서 눈물 흘리며 찬양했습니다. 아무것도 없는 가운데 드리는 그 예배를 통해 저는 많은 은혜를 누렸습니다.

그때 저는 신론(神論), 곧 하나님에 관한 교리를 강의했습니다. 마지막 강의에서 저는 이렇게 고백할 수밖에 없었습니다.

"제가 여러분보다 조금 더 배웠다고 여러분에게 하나님에 대해 가르치는 자체가 미안합니다. 저는 여러분의 하나님을 배우고 갑니다. 여러분의 예배를 배우고 갑니다."

귀국하는 비행기 안에서 내내 얼굴이 화끈거리고 하나님께 죄송했습니다. 그러면서 하나님께 정말 많이 기도했습니다.

"죄송합니다. 정말 죄송합니다."

당신은 진짜 그리스도인입니까?

우리는 얼마나 예배를 잘 드리고 있습니까? 지금 북한에 있는 지하 교회에서 예배드리는 성도는 소리를 내지 못해서 어금니를 꽉 물고 무릎을 꿇고 있습니다. 정신 차려서 예배드려야 합니다. 정신 차리고 신앙생활해야 합니다. 안 그러면 우리는 죄 지을 수밖에 없습니다.

수단에서 왔던 그 분이 제 손을 꼭 잡고 이렇게 이야기했습니다.

"저를 위해 기도해주십시오. 저는 이번 학기가 끝나면 다시 수단으로 돌아갈 것입니다."

그게 무슨 말인지 아십니까? "나는 수단 가서 죽을 것이다"라는 뜻입니다. 그는 이 세상의 어떤 부귀영화보다, 심지어 자신의 목숨보다 하나님의 영광이 더 중요한 사람이었습니다. 그렇게 사는 사람들을 세상은 그리스도인이라고 부릅니다.

이런 고백에 도달하지 못했다면 우리는 아직까지 신앙생활이 아니라 종교생활하는 사람입니다. 더 이상 종교생활 하지 마십시오. 이제 결단하십시오. 주를 위해 살겠다고 결단하십시오. 예수님만이 나의 주인이시라고 고백하십시오. 주님만이 나의 아버지시라고 고백하십시오.

이런 고백에 뿌리 내려 진실한 회개를 한 사람이 다윗입니다. 정결한 마음을 회복하기 위해 다윗은 애통해 했습니다.

그 이후에 다윗은 죄의 결과로 인해 압살롬에게 처절한 고통을 당합니다. 그러나 그 고통이 왕이 된 이후에 잊고 있었던 기도를 회복시켜주었습니다. 고통은 성도의 영성을 회복시키시는 하나님의 통로입니다. 고통은 영성을 회복시키시는 하나님의 열쇠입니다. 할 수 있다면 고통 없이 하나님의 은혜를 누리는 인생을 사시기를 축복합니다. 그러나 고통이 다가올 때는 감사하십시오. 그때가 살아 있는 예배를, 정결한 마음을 회복시킬 수 있는 기회입니다.

아름다운 뒷모습

마침내 다윗은 죽음을 맞이하게 됩니다.

> 다윗 왕이 나이가 많아 늙으니 이불을 덮어도 따뜻하지 아니한지라 그의 시종들이 왕께 아뢰되 우리 주 왕을 위하여 젊은 처녀 하나를 구하여 그로 왕을 받들어 모시게 하고 왕의 품에 누워 우리 주 왕으로 따뜻하시게 하리이다 하고 이스라엘 사방 영토 내에 아리따운 처녀를 구하던 중 수넴 여자 아비삭을 얻어 왕께 데려왔으니 이 처녀는 심히 아름다워 그가 왕을 받들어 시중들었으나 왕이 잠자리는 같이 하지 아니하였더라 왕상 1:1-4

마지막 여생을 홀로 보내는 다윗을 위하여 부하들이 아리따운 여인을 한 명 데리고 옵니다. 이런 일은 우리나라 역사에도 있었던 일입니다. 나이가 많아 기력이 쇠한 왕이나 높은 사람들을 위해 젊은 여성을 데려다가 함께 있게 하는 것이지요.

이때 다윗이 어떻게 행동합니까? 다윗은 그녀와 잠자리를 하지 않았습니다. 어느 누구도 그것을 탓하지 않고 또 죄라고 말할 사람도 없는데, 그는 그 여인과 잠자리를 하지 않습니다. 다윗은 과거 죄를 짓고 잘못된 선택을 했지만 하나님 앞에 온전한 회개를 하고 난 이후에 계속해서 죽음을 준비하며 성숙된 신앙을 가졌던 사람입니다. 여인으로 인해 죄 지었던 그는 다시 여인으로 인해 죄 짓지 않게 되었습니다.

하나님나라의 에이스로 서라!

신앙의 업그레이드를 구하십시오. 성숙한 신앙을 구하십시오. 똑같은 죄를 반복해서 저지르지 않을 뿐 아니라 모든 사람들이 옳다 하는 일도 하나님 보시기에 조금이라도 거리낌이 있다면 하지 않는 성숙함을 다윗은 보여주고 있습니다.

당신의 신앙은 성장하며 성숙하고 있습니까? 말씀대로 살기 위해 적용하며 지금도 변화되고 있습니까? 아니면 받은 은혜에 급급해 살았습니까? 당신은 하나님의 마음에 합한 사람입니까? 하나님께 쓰임 받는 하나님나라의 에이스입니까? 그렇게 되기를 소원하십니까? 그렇다면 성숙을 붙잡으십시오. 성숙에 관한 이런 말이 있습니다.

"성숙은 내가 이 세상에서 무엇을 해야 하고 무엇을 하지 말아야 하는지를 아는 것이다."

저는 저와 우리 교회가 하나님의 꿈이 되기를 소망합니다. 하나님의 자존심이 되고 싶습니다. 그렇게 되기 위해서는 성숙을 향한 성도들의 결단이 필요합니다. 다윗처럼 정결한 마음을 회복하기 위해 회개의 결단이 넘치는 교회가 되기를 바랍니다. 저와 여러분이 다 그런 결단에 이르기를 소원합니다. 그리하여 하나님께서 이 마지막 때에 신뢰의 눈길을 가득 보내며 들어 쓰실 수 있는 하나님나라의 에이스로 우뚝 서길 간절히 바랍니다!

10

하나님의 에이스로 사는 법

열매 맺는 진실한 회개를 하나님은 받아주신다, 그 하나님께로 돌아서라

01 내가 죄인임을 깨달으라

나단 선지자가 다윗을 향해 "당신이 바로 그 죄인이다"라고 말했을 때, 다윗은 바로 "내가 그 죄인입니다" 하고 회개했습니다. 우리는 성경이 지적하는 그 죄인이 바로 나 자신임을 깨달아야 합니다. 하나님의 말씀은 다른 누군가를 위한 말씀이 아니라 바로 나 자신을 위한 말씀입니다. 우리는 다 죄인입니다. 그 사실을 알아야 철저히 회개할 수 있고, 예수님의 보혈을 의지할 수 있습니다.

02 죄의 근원인 욕심을 제거하라

모든 죄의 근원은 욕심입니다. 다윗에게는 이미 여러 명의 아내들이 있었습니다. 그런 그에게 또 한 여자를 취하고 싶은 욕심이 생겼습니다. 게다가 가져서는 안 될 대상이기에 그 욕심은 더욱 집요해졌습니다. 욕심은 종국에는 우리를 반드시 죽이고 맙니다. 따라서 우리는 욕심을 따라 살지 않도록 늘 깨어 기도해야 합니다.

03 순종이 따르는 진정한 예배로 나아가라

죄의 결말은 하나님을 업신여기는 것입니다. 하나님의 말씀을 업신여기게 되고 하나님의 명령을 업신여기게 되고 결국 하나님을 업신여기게 됩니다. 따라서 우리는 하나님의 말씀에 순종함으로 예배의 자리로 나아가야 합니다. 하나님은 순종이 제사보다 낫다고 했으며, 예배는 결코 순종 없이 나아갈 수 없음을 기억해야 합니다.

하나님의 에이스

초판 1쇄 발행	2012년 4월 2일
초판 2쇄 발행	2012년 4월 30일
지은이	홍민기
펴낸이	여진구
책임편집	이영주
편집 1실	안수경, 박민희
편집 2실	김아진, 최지철, 유혜림
기획·홍보	이한민
책임디자인	이혜영, 정해림 ǀ 전보영, 마영애
마케팅	김상순, 강성민, 허병용, 이기쁨
마케팅지원	최태형, 최영배, 이명희
제작	조영석, 정도봉
경영지원	김혜경, 김경희
이슬비전도학교	엄취선, 전우순, 최경식
303비전성경암송학교	박정숙, 정나영, 정은혜
303비전장학회 & 303비전꿈나무장학회	여운학
펴낸곳	규장

주소 137-893 서울시 서초구 양재2동 205 규장선교센터
전화 02)578-0003   팩스 02)578-7332
이메일 kyujang@kyujang.com   홈페이지 www.kyujang.com
트위터 twitter.com/_kyujang   페이스북 facebook.com/kyujangbook
등록일 1978.8.14. 제1-22

ⓒ 저자와의 협약 아래 인지는 생략되었습니다.
이 출판물은 저작권법에 의해 보호를 받는 저작물이므로 무단 전재와 무단 복제를 할 수 없습니다.

책값 뒤표지에 있습니다.
ISBN 978-89-6097-253-7 03230

규ǀ장ǀ수ǀ칙

1. 기도로 기획하고 기도로 제작한다.
2. 오직 그리스도의 성품을 사모하는 독자가 원하고 필요로 하는 책만을 출판한다.
3. 한 활자 한 문장에 온 정성을 쏟는다.
4. 성실과 정확을 생명으로 삼고 일한다.
5. 긍정적이며 적극적인 신앙과 신행일치에의 안내자의 사명을 다한다.
6. 충고와 조언을 항상 감사로 경청한다.
7. 지상목표는 문서선교에 있다.

하나님을 사랑하는 자 곧 그의 뜻대로 부르심을 입은 자들에게는 모든 것이 合力하여 善을 이루느니라(롬 8:28)

Member of the
Evangelical Christian
Publishers Association

규장은 문서를 통해 복음전파와 신앙교육에 주력하는 국제적 출판사들의
협의체인 복음주의출판협회(E.C.P.A:Evangelical Christian Publishers
Association)의 출판정신에 동참하는 회원(Associate Member)입니다.